für
Jenna, Nik, Mina, Lynn und Mats,
Raphael, Marilyn,
Georg, Andrea und Barbara

In
Gedenken
an die Berliner Kinder,
die in den schwärzesten Tagen
des zweiten Weltkrieges
ihr Leben
lassen mussten

1

Impressum

Herstellung und Verlag:
BoD – Books on Demand, Norderstedt

Copyright: © 2020 Jörg Volker Dietrich

ISBN: 978-3-751-94910-1

Vorwort
Die Goerzbahn gestern und heute ...
... und in der Erinnerung

Seit 1905 verbindet die Goerzbahn das Industriegebiet zwischen der heutigen Goerzallee in Berlin-Lichterfelde und dem Teltowkanal mit dem Netz der Staatsbahn (bzw. heute der Deutschen Bahn AG) am Bahnhof Berlin-Lichterfelde West. Seit jeher wurde sie als Privatanschlussbahn betrieben und hat sich über weit mehr als hundert Jahre gegen alle Widrigkeiten behauptet.

Zurzeit liegt der Betrieb still, und es wird nach Wegen gesucht, die traditionsreiche Strecke durch zeitgemäße Innovationen wiederzubeleben. Wann und wie das gelingen wird, steht jetzt (Frühjahr 2020) noch in den Sternen des Eisenbahnhimmels.

Auf den Gleisen der Goerzbahn betreibt die AG Märkische Kleinbahn seit 1981 ein Eisenbahnmuseum; auch Publikumsfahrten mit historischen Eisenbahnfahrzeugen sind dort zu bestimmten Zeiten möglich.

Vor diesem Hintergrund war es mir eine große Freude, als ich von der Entstehung dieses jetzt vorliegenden Buches *Kinder der Goerzbahn* erfuhr. Zuerst nur als kurze Vorausschau, verbunden mit der Bitte, einige Fotos aus dem Archiv der Goerzbahn und der AG Märkische Kleinbahn zur Verfügung zu stellen. Keine Frage, dass diese Bitte erfüllt wurde.

Und dann eines Tages – lag das fertige Buch in meinem Briefkasten. Ich habe es in einem Zuge durchgelesen ... es hat mir den Blick auf eine Zeit geöffnet, die ich selbst nicht erlebt habe, aber gleichwohl ist die Erzählung so bildhaft und packend geschrieben, dass das Geschehen wie ein Film vor dem inneren Auge abläuft. Dabei ist das Gelände der Goerzbahn immer wieder der Dreh- und Angelpunkt, was diesen Zugang sicher erleichtert, aber ich bin überzeugt, dass auch Leser, die aus eigenem Erleben nicht mit der Goerzbahn verbunden sind, genauso viel Lesefreude haben werden.

Herzlichen Dank an den Autor für diese sehr persönliche, bewegende Geschichte und doch zeitgeschichtlich gleichermaßen bedeutsame Erzählung.

Martin van der Veer
Vorstandsmitglied der AG Märkische Kleinbahn
im Mai 2020

Kinder der Goerzbahn

Heitere und traurige Lausbubengeschichten
aus der Zehlendorfer Nachkriegszeit

von

Jörg Volker Dietrich
alias Tonne

75 Jahre danach

Inhalt

Prolog
Wir, die Kinder der Goerzbahn

Wir, die Kinder haben neues Leben in ein vom Krieg während der letzten Tage verwüstetes Gebiet im südöstlichen Teil Zehlendorfs gebracht, in dem Teile der Roten Armee die Umklammerung und Invasion Berlins mit der Überquerung des Teltowkanals am 24. April 1945 begannen.

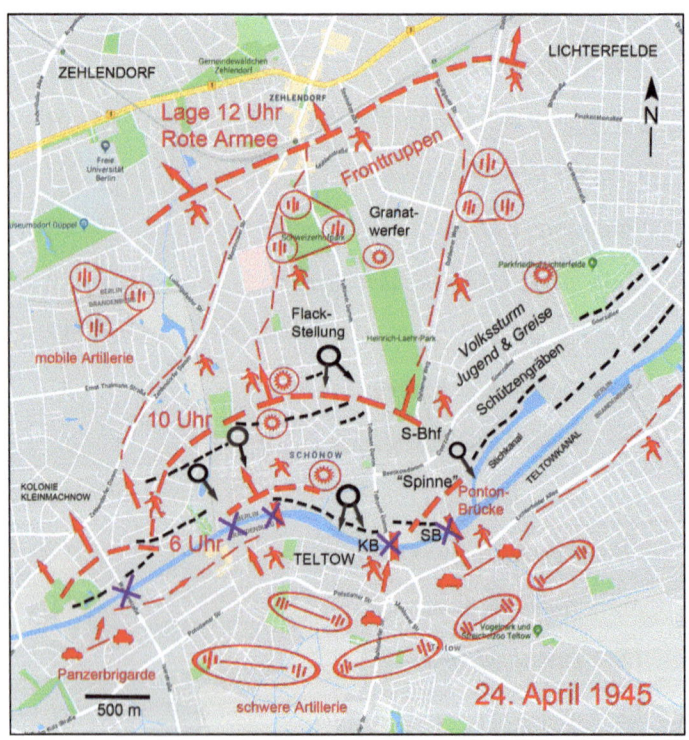

Plan der Invasion der Roten Armee unter Marschall Konew von Teltow über den Teltowkanal nach Zehlendorf und Lichterfelde am 24. April 1945 nach intensivstem Artilleriefeuer aus mehreren hundert Kanonen je Kilometer. Sämtlicher Widerstand des Volkssturms (schwarz) wurde dabei total vernichtet. Alle Brücken waren am 21. Und 22. April von der SS gesprengt worden. Über rasch errichtete Pontonbrücken konnten russische Panzer und Infanterie (rot) widerstandslos vorrücken und erreichten in wenigen Stunden die Mitte Zehlendorfs.

S-Bhf. = Südbahnhof, KB = Knesebeckbrücke, SB = Fritz-Schweitzer-Brücke.

Quelle: modifiziert nach Trumpa (1994) in Glatzel (2015)

Das schreckliche Kriegsgebiet war durch das nördliche Kanalufer zwischen den beiden von der Waffen-SS gesprengten Brücken (Fritz-Schweitzer-Brücke und der Knesebeckbrücke) im Süden, dem Teltower Damm im Westen, dem Laehrpark mit dem Gelände des Südbahnhofs der Zehlendorfer Eisenbahn ('Goerzbahn'), und der Wupperstraße im Norden und Osten begrenzt.

April1945 sowjetische Artillerie vor Berlin.
Quelle: Bundesarchiv Bild 183-E0406-0022-012, Wikimedia commens

Große Teile des Geländes, zur Spinnstofffabrik und zu den Zeiss-Ikon-Goerz-Werken gehörend, sind durch Gleisanlagen der Goerzbahn getrennt und waren durch Bombardierungen, massives Artilleriefeuer und Granatwerfer des 24. April teilweise zerstört worden. Die Bevölkerung Zehlendorfs bestand dieser Tage überwiegend aus Frauen, Müttern mit Kleinkindern und älteren Menschen. Wir, die Kinder im Schulalter von 6 bis 15 Jahren, gehörten auch zu den Übriggebliebenen.

Nach dem Ende des schrecklichen Weltkrieges, der sinnlosen Zerstörung Berlins, dem Abzug der russischen Besatzungssoldaten und der Übernahme Westberlins durch die alliierten Streitkräfte im Juli 1945, durften wir Kinder endlich wieder auf die Straße und in den naheliegenden Laehrpark.

Alle Frauen mussten irgendwie und irgendwo arbeiten. Männer waren kaum vorhanden oder kehrten erst sporadisch aus der Gefangenschaft zurück, meist jedoch nur aus amerikanischen Gefangenenlagern. Zwangsläufig waren wir Kinder meist allein zu Hause und hatten dadurch als *Schlüsselkinder* die uneingeschränkte Freiheit.

Wir, die *Kinder der Goerzbahn*, wohnten in den Arbeiter- und Angestellten Siedlungsblöcken am Laehr'scher Jagdweg zwischen Birkenknick und Rehwechsel direkt hinter dem Laehrpark. Bis zu Beginn des Krieges waren meine Eltern Angestellte der Firma Zeiss-Ikon im Goerz-Areal, daher unser Wohnort im Süden Zehlendorfs. Aber auch Kinder der Telefunkensiedlung gehörten zu den *Kindern der Goerzbahn*. Viele besuchten ab 1946 die Südschule an der Claszeile, wurden aber zwei Jahre später wegen Überfüllung der Klassen in die neu eingerichtete Schweizerhof Schule am Teltower Damm umgeschult.

Glücklicherweise waren die meisten Wohnblöcke und der Laehrpark von den Bombenangriffen der Amerikaner und Engländer verschont geblieben. Diese Situation machte das gesamte Nachbargebiet für uns zu einem unendlich vielseitigen und faszinierenden Spiel- und Tummelplatz. Natürlich warnten uns alle Erwachsenen vor todbringenden Gefahren, viele Kinder durften nur in Sichtweite spielen, und die Verbote häuften sich. Dies betraf vor allem das Sammeln von zerstörten Waffen, Betreten von Ruinen, Abfallgruben und Schuttbergen.

Dennoch kannten wir bald unser gesamtes Territorium bis zum Teltowkanal, der Grenze des amerikanischen Sektors Berlins zur russischen Besatzungszone Teltow und kontrollierten es ganz im Sinn unserer bestehenden Möglichkeiten. Das faszinierende Gebiet der Gleisanlagen des Südbahnhofs, Gebäude und Lokomotivschuppen der Goerzbahn gehörte natürlich dazu, welche den Betrieb Anfang 1946 wieder aufgenommen hatte. Sommer wie Winter besuchten wir diese Anlagen; für uns alle bedeuteten die Dampflokomotiven ein Symbol der Zukunft und der Technik.

Anmerkung: Lageplan des Gebietes in Zehlendorf Süd, Seite 71.

Spielzeug, was ist das?

Spielzeug - der Kontrast zwischen Spielzeug von gestern und heute könnte nicht grösser sein. Das selbstständige Erleben und Erlernen und natürliche Heranwachsen der Fantasie und Kreativität des Menschen wird seit der technologischen Explosion vor 150 Jahren bis zum heutigen digitalen Zeitalter kontinuierlich zerstört. Das betrifft in krassester Form Spielzeug, das für Babys, Kinder und Jugendliche bis zum Erwachsenenalter produziert und perfektioniert in Form, Farbe und mit allen Funktionsmöglichkeiten als totale Massenproduktion vermarktet und verkauft wird. Es ermöglicht kaum noch eigene Fantasie und tötet alle Kreativität ab.

Spielzeug während des Krieges war rar und allenfalls begünstigten oder vom Krieg wenig betroffenen Familien vorbehalten. Die meisten jungen Väter mussten in den Krieg ziehen, die Mütter arbeiten. Meine Erinnerungen an die ersten Jahre meiner Kindheit sind vage, heute erlebe ich im Halbschlaf nur verschwommene Bilder eines Teddybären, eines Balls und einer Holzeisenbahn; vielleicht sogar nur deshalb, weil aus dieser Zeit einige Fotos existieren. Die Lust und jegliche Freude am Spielen wurden in der zweiten Hälfte des Krieges durch die Angst vor Bombardierungen und die Erlebnisse in Luftschutzkeller und Bunkern unterdrückt. Die gleiche Angst und das Verhalten meiner Mutter, Tante und Großeltern verstärkte die Unterdrückung des Spielens mit mir und anderen Kleinkindern.

Noch erschreckender waren die letzten Tage und Wochen vor Ende des Krieges während der Evakuierung außerhalb Berlins in der Niederlausitz, in denen wir auf der Flucht vor den russischen Kampf- und Besatzungstruppen waren. Erlebnisse wie auf alles schießende Tiefflieger über der Straße, Schutz suchen im Straßengraben, Panzer, Kanonen und russische Soldaten in Dörfern und auf Plätzen, die Flucht von Luckau nach Wünsdorf und Zossen bleiben ewig in meinem Gedächtnis.

Juni 1945 Rückkehr der Flüchtlinge nach Berlin. *Quelle: akg-images/Sputnik*

An ein einzig unvergleichliches schönes Erlebnis erinnere ich mich dennoch gern: An einen Ritt auf dem Pferd eines russischen Offiziers über einen Dorfplatz zwischen lachenden Soldaten hindurch, umgeben von Panzern. Lückenhaft bleibt mir die Erinnerung über die Rückkehr mit meinem Teddybären nach Zehlendorf auf dem Leiterwagen, den meine Mutter bis zum Laehr'scher Jagdweg zog, wo wir in der fast leeren Wohnung und im Keller auf Decken am Boden schlafen mussten.

Erst mit dem Einzug der amerikanischen Truppen nach Wochen durfte ich wieder auf die Straße und in den üppig grünen Park hinter dem Haus. An Spielen mit irgendwelchen Spielsachen erinnere ich mich nicht. Dann kam die Erlösung, die Amerikaner waren da. Wie aus dem Nichts kam auch mein Vater eines schönen Sommertags unbeschadet nach Hause und einige Tage später sogar unsere gestohlenen Möbel, welche ein von den Russen eingesetzter Blockwart entwendet hatte.

Die kleine zweieinhalb Zimmer-Wohnung am Laehr'scher Jagdweg (Einblendung 1950),
Hintergrund: Situation März 2018 mit Laehrpark. *Quelle: Google Earth*

Nun durfte ich aus dem Haus und in einem Sandkasten vor der Tür spielen, den einige Mütter schnell gezimmert und mit weißem Sand gefüllt hatten. Aber womit spielten wir kleinen Buben und die Mädchen? Mit Tassen und Teller, mit Bechern und Konservendosen wurden Burgen und Schlösser gebaut, Kanäle gezogen und mit Wasser gefüllt, aber auch Sandkuchen gebacken. Die unterdrückte Fantasie war wiedererwacht, die Kreativität brachte die schönsten Formen und Gebilde hervor.

Mit den nachfolgenden heiteren aber auch traurigen Geschichten möchte ich einen Einblick in die Gedankenwelt, Erlebnisse und Taten meiner Kindheit und frühen Jugend in der schwierigen Nachkriegszeit in Zehlendorf vermitteln.

11

Dschungelparadies Laehrpark

Alle Hintertüren der lang gestreckten Siedlung am Laehr'scher Jagdweg führen direkt ins Dschungelparadies. Warum gerade Dschungel?

Während fünf Kriegsjahren wurde der Mischwald weder gepflegt noch gesäubert und gerodet. Wilde Brombeer- und Himbeer- und Hagebuttenbüsche und Sträucher wucherten an den Rändern der Lichtungen; Wiesen und Parkwege waren verkrautet, die Böden unter den Bäumen von einer dicken Schicht aus Laub und Ästen bedeckt.

Neben der Flora hatte sich auch die Fauna entsprechend entwickelt, und so erfüllte den Park in den ersten warmen Frühlingstagen ein reichhaltiges und vielfältiges Vogelgezwitscher. Die Vögel lernten wir aufgrund ihres Zwitscherns und Gesangs perfekt zu unterscheiden. Besonders eindeutig waren die Kuckucksrufe zu hören. So erfuhren wir in der Schule, dass der Kuckuck wohl sehr schön rufen kann, aber zu faul sei, seine Eier selbst auszubrüten und sie daher in fremde Nester lege, die Elster hingegen mit ihrem diebischen Charakter alles Glitzernde und Funkelnde aufhebe und in ihr eigenes Nest lege. Um diese Verhaltensweise selbst zu erkunden, kletterten wir hoch hinauf in die Bäume und versuchten die Nester zu inspizieren Aber nur in einigen Fällen gelang es uns in die Elsternester hineinzuschauen. Wir fanden weder Kuckuckseier noch Gold und Silber oder irgendwelche funkelnden Gegenstände.

Kuckuck. *Quelle: Locaguapa, Wikimedia commons*

12

Auch an den kleinen Tieren wie Käfer, Eidechsen und Schlangen fehlte es nicht im Park. Jede Jahreszeit zeigte ihre Besonderheiten. Für uns Kinder ein wahres Erlebnisparadies, in welchem wir beim Spielen die Ursprünglichkeit der Natur kennenlernen konnten.

Vor allem Tannen aber auch Buchen und Eichen luden zum Klettern ein, und so wurde schnell einmal eine Rangliste unter uns gebildet, wer wohl am höchsten einen Baum erklettern könne. Allerdings folgte als Resultat dieser Künste häufig die Schelte der Mutter und ein Stubenarrest.

Der Park wurde unter den Kindern der Siedlung gemäß Lage der Wohnblöcke in Territorien eingeteilt und durch entsprechende Gruppen (*Kinderbanden*) kontrolliert. So entstanden denn auch verschiedene Verstecke, deren bauliche Spezialitäten einzigartig waren und keinerlei Kinderwünsche offenließen. In diesen Verstecken wurde gehortet, was im Park und in der Umgebung gefunden wurde: Basteleien jeglicher Art, in Ruinen gefundenes Gut, zerstörte Waffen, praktisch alles, was zum Spielen Verwendung fand.

Laehrpark mit altem Baumbestand. *Quelle: Foto Asmussen, Wikimedia commons*

Da der südliche Teil des Laehrparks direkt an das Areal des Südbahnhofs der Zehlendorfer Eisenbahn grenzt und nur durch das Ende des Dahlemer Wegs und die anschließende Wupperstraße getrennt ist, gehörte das südliche Parkterritorium und der Südbahnhof den Kindern der südlichen Laehr'scher-Jagdweg-Siedlung und damit den *Kindern der Goerzbahn*.

Viele Pflanzen, Bäume und Sträucher des Waldes dienten natürlich in den Hungerzeiten der ersten Nachkriegsjahre der Nahrungsmittel-beschaffung. Walderdbeeren und Pilze waren da die gefragtesten Objekte. So lernten wir bald die verschiedenen Pilzarten kennen, zu denen besonders die Pfifferlinge und Steinpilze gehörten, während die Fliegenpilze und zahlreiche Baumpilze gemieden wurden. In der Sommerzeit waren die wilden Brombeer- und Himbeerhecken die besten Kandidaten, aber auch Holunder gehörte dazu. Aus gerösteten Eicheln wurde Ersatzkaffee gebraut, Öl wurde aus Buchecker-Kernen im Herbst gepresst. Haselnuss-Sträucher produzierten Nüsse, ihre wilden Zweige ideale Flitzebogen und die Vergabelungen beste Katapulte.

Buchecker-Kerne.
Quelle: Tortuosa-commonswiki

Himmlisch süßen Saft konnte man aus Akazienblüten heraussaugen.

Akazienblüten.
Quelle: Foto Rasbak
Wikimedia commons GFDL

Während die die Lichtungen im Territorium vor allem Indianer- und Kampfspielen gewidmet waren, fanden Spuren- und Schatzsuche Spiele eher im Wald mit dichtem Unterholz statt.

Natürlich führte dieses ungezügelte Dschungeldasein von Kindern unterschiedlichen Alters und aus verschiedenen Parkterritorien zu Reibereien und Streitigkeiten, die nicht selten in Box- und Ringkämpfen der Anführer endeten.

Meine Erlebnisse im Park wurden durch einen Streit mit einer anderen Bande von Jungen aus dem nördlichen Teil des Parks getrübt. Über einen vermeintlichen Diebstahl ihres Schatzes, den wir bei unserer Schatzsuche entdeckt hatten, kam es zu einer heftigen Auseinandersetzung. Während des Ringkampfs verschiedener Jungen unserer Bande gegen ältere Jungen der betroffenen Bande wurde ich recht unsanft in einen Busch geworfen, wobei mein rechter Handballen auf einen vertrockneten Ast gespießt wurde. Unter Vollnarkose musste dieser herausoperiert werden, was meine Tätigkeit in der Schule und in der Freizeit über Wochen stark einschränkte.

Naturpark am ehemaligen Südbahnhof im Südosten des Laehrpark.
Quelle: Rettet den Wald, Lebenswertes Lichterfelde, Wikimedia commons

Die Schokoladenbahn

Müde, durstig und hungrig stehe ich endlich vor der Haustür. Es ist heiß, der kahle Hausflur kühlt kaum. Ich krame den mit Schnur am Schulranzen angebundenen Schlüssel unter der Schiefertafel und der Brotbüchse hervor und verwische mit meiner schweißigen Hand einige Buchstaben meiner unwilligen und eher krakeligen Kreideschreibübungen aus der Schule. Ich hasse Schönschreiben.

Unsere kleine Parterrewohnung ist nicht weniger heiß als das Treppenhaus des Wohnblocks, zudem noch stickig wegen der geschlossenen Fenster. Mutter, die dem früh aus dem Krieg heimgekehrten Vater im Laden im Stadtzentrum hilft, hat mit Schmalz bestrichene Stullen und Fruchtsaft als mein Mittagessen in der kühleren Speisekammer zurückgelassen; nicht gerade üppig aber genug.

Das Wetter ist zu sommerlich, um in der kleinen Wohnung zu hocken und Hausaufgaben zu machen. Der hinter dem Haus angrenzende Park lockt einladend, zumal fehlende Pflege während des ganzen Krieges aus dem Park eine Wildernis gemacht haben. Die Wiesen sind in natürliche Steppen von hohem Gras und wilden Blumen verwandelt und die Wege mit Unkraut überwachsen. Ich brauche nicht lange zu überlegen, was zu tun ist. Über die Kellertreppe und durch einige vertrocknete Gartenbeete gelange ich sofort in den Park. Mein Ziel ist unsere Hütte, ein Versteck, das nur Willi, der über drei Jahre ältere Anführer unserer kleinen Bande, Kalle, Otte, Paule, Emil und mir gehört.

Die Hütte ist ein von Brombeer- und Hagebuttensträuchern überwuchertes Versteck inmitten des Parks. Die Wände bestehen aus Brettern, das Dach aus Blechstücken einer zerbombten Militärbaracke. Den Boden haben wir mit einem zerlöcherten Perserteppich bedeckt. Zwischen dem Dorngestrüpp ist der Eingang kaum erkennbar. Hier basteln wir an gefundener Munition, holen das Pulver aus Patronen und säubern zerstörte Waffenteile und Gewehre. Das Prunkstück ist eine zerbrochene russische Trommel-Maschinenpistole.

Durch Willis Kriegserfahrung der letzten chaotischen Tage russischer Invasion am Teltowkanal und in Zehlendorf wird unser Leben vor sehr gefährlichen und tödlichen Waffen verschont. Er erzählt uns von Tellerminen und Handgranaten, die wir, wenn wir sie im Park finden sollten, keinesfalls anfassen dürften, sondern sie sofort melden müssten.

Das Versteck ist natürlich das absolute Geheimnis und jeder von uns musste schwören, keinem anderen, nicht einmal der Mutter (Väter waren kaum vorhanden) davon zu erzählen. Das machte uns natürlich zu einer total eingeschworenen Bruderschaft; zumal wir nicht die einzige Bubenbande waren. Mädchen durften da nicht mitmachen, da man ja wusste, wie geschwätzig sie waren und kein Geheimnis behalten konnten.

Unser faszinierendster Spielplatz ist das verlassene Rangierareal der Zehlendorfer Eisenbahn (einst Südbahnhof), die vor und während des Krieges Personen und Güter auf das Gelände der Goerzwerk, Spinnstofffabrik (Spinne) und zum Teltowkanal beförderte. Im von Bomben unzerstörten Spinnstoff- und ehemaligen Goerz-Areal haben die amerikanischen Streitkräfte nach Abzug der Russen ein Versorgungsdepot für ihre Zehlendorfer Kaserne eingerichtet.

Ehemalige Gleisanlage des Südbahnhofs-Gelände der Goerzbahn; Situation Juli 1961, Lok 74 1249 der DR; Hintergrund Türme der Spinnstofffabrik.
Quelle: 'Die Goerzbahn' (van der Veer & Hellwig 2005)

Als Resultat fahren täglich Güterzüge von Lichterfelde kommend im Schritttempo den Park entlang. Letzteres spornt uns natürlich zum Mitfahren an, und so wird das Auf- und Abspringen an geeigneten Stellen zu sportlichen Mutproben. Wie ein Wunder kommt es nie zu Unfällen. Allerdings ist immer höchste Wachsamkeit vor Polizeipatrouillen und Eisenbahnbegleitern mit Wachhunden geboten. Mit einem ausgeklügelten Frühwarnsystem durch Pfeifen warnen wir uns untereinander. Größte Heldentat ist das Hinunterwerfen von Briketts von Kohlenwaggons.

Heute beschließen wir in der Hütte wieder auf einen Güterzug zu warten. Es ist zu heiß, um im Freien zu spielen. Von Ferne hören wir das abgehackte Klappern und Quietschen der Räder über den Schienenstößen. Der Weg durch den Park zu den Gleisen ist kurz, und hinter schattigen Büschen legen wir uns auf die Lauer. Langsam rollt die dampfende und zischende Rangierlok mit den Waggons an uns vorüber. Einige gedeckte Güterwagons haben diesmal halboffene Türen und lassen das Innere erkennen. So rennen wir entlang der Waggons und springen an der richtigen Stelle auf die Trittbretter vor den Türen. In einem Wagon liegen mehrere farbige Kartons, die anderen Waggons sind leer. Zwei Kartons können wir hinauswerfen, dann abspringen und sie unter großer Mühe in die Hütte schleppen. Atemlos und mit klopfendem Herzen reißen wir sie auf. Viele kleine bunte Schachteln verziert mit Blumen und amerikanischer Schrift kommen zum Vorschein. So viel Schokolade, das kann doch kaum wahr sein ...! Ein richtiges Wunder! Willi darf als erster eine Schachtel aufmachen. Doch was ist drin? Dicht gepackt, Zahnstocher!

Keine Schokolade, nur Zahnstocher. *Foto V. Dietrich*

Ich sehe die Gesichter von Willy, Kalle, Otte, Paule und Emil; ...zuerst ungläubig, ratlos und dann Gelächter. Was nun, was machen wir damit? Alle packt die Angst. So viele Schachteln können wir doch nicht in unserer Hütte liegen lassen und schon gar nicht versteckt. Wenn man das Versteck entdeckt, weiß man ja sofort, dass wir Diebe sind. Es gibt nur eine Lösung, alle Schachteln verbrennen; aber nicht mit einem großen Feuer. Zu gefährlich bei dieser Hitze und Trockenheit. Wir beschließen, jede Schachtel einzeln mit einem kleinen Feuer zu vernichten. Das geht unendlich langsam. Schwitzend arbeiten wir bis es dunkel wird; Lehrgeld für unsere Tat und Dummheit. Dementsprechend ist auch der Empfang meiner Mutter daheim für einen total verschmutzten Bub, der seine Hausaufgaben noch nicht gemacht hat.

Klasse 3a 1948 Südschule, Volker (Pfeil). *Quelle: Foto W. Haubenreisser*

Mutproben auf dem Südbahnhof

Während der großen Pause kommen auf dem Schulhof zwei ältere Jungen aus dem gegenüberliegenden Wohnblock am Laehr'scher Jagdweg zu Kalle und mir.

„Na ihr Knirpse, wenn ihr wollt, könnt ihr heute Nachmittag eenmal euern Mut beweesen: Ihr habt ja sonst immer so eene jroße Klappe."

„Wat, wollt Ihr denn?" Erwidert Kalle. „Wollt Ihr uns etwa wieda veräppeln?" „Nee, nee", meint der große Junge. „Kommt heute Nachmittag hinter den Lokschuppen von de Joerzbahn, denn werdet ihr det schon seehn."

Der Lokschuppen war der Abstell- und Reparaturplatz für zwei alte Tenderlokomotiven der Goerzbahn, von denen offenbar eine ältere Lok mit drei Achsen nicht mehr in Betrieb ist; die andere aber mit vier Achsen noch Güterzüge von Berlin hierherbringt. Diese Lok ist für uns alle das Prunkstück, da der Lokführer uns einmal die ganze Lock zeigte und erklärte.

Lokschuppen auf dem Gelände des Südbahnhofs der Goerzbahn; Situation Juli 1961.
Quelle: 'Die Goerzbahn' (van der Veer & Hellwig 2005)

So trotten wir nach dem Mittagessen langsam durch den Park und statten zuerst unserem Versteck einen kurzen Besuch ab. Dort finden wir bereits Otte, Emil und Paule, denen wir von der bevorstehenden, aber noch unbekannten Mutprobe erzählen. Gemeinsam ziehen wir zum benachbarten und mit hohem Gras und Sträuchern überwucherten Goerzbahnareal und treffen hinter dem Lokschuppen die beiden großen Jungen aus dem Nachbarwohnblock.

„Also, wat is eure Mutprobe?" „Kommt alle mit und wir zeijen euch, wat ihr tun müsst. Der Jüterzug da uf dem Gleis hat dree Kesselwagen. Bei dem ersten ist de Luke oben uf dem Kessel offen. Wenn ihr mit de Leiter rauf klettert, könnt ihr von de Plattform in det jroße Loch hinein kieken. Innen is eene Leiter montiert. Wenn ihr Mut habt da hinein zu klettern, helfen wir euch beim nächsten Kampf mit den Idioten vom oberen Laehrpark und wenn ihr den Deckel vom zweeten Kesselwagen uffkriegt, schenken wir jeden von euch eene Handvoll Bleikoffer."

(*Bleikoffer* waren die begehrtesten Geschosse für Katapulte und bestanden aus Kirschkern-großen Stücken zerhackter Kupferdrähte mit Bleimantel).

Ehemalige Gleisanlage des Südbahnhofs-Gelände der Goerzbahn; Situation Juli 1961, Lok 74 1249 der DR mit Güterzug. *Quelle: 'Die Goerzbahn' (van der Veer & Hellwig 2005)*

„Müssen wir denn alle beede die Mutprobe machen?" „Ja, jeder muss die Mutprobe machen, wer zuerst jeht, det müsst ihr denn unter euch osmachen," erwidert der Große.

Auf Kalle fällt das erste Los. So läuft Kalle zum ersten Kesselwagen, klettert schnell die Leiter am Kessel hinauf und schaut zuerst ins schwarze Loch und dann zu uns rüber.

21

„Nee, det kann ick nich machen da rin zu klettern, det stinkt wie Jauche, ick habe Angst!"

Nun bin ich an der Reihe. Schnell renne ich zum zweiten Kesselwagen und klettere an der Leiter hoch. Das sehe ich, von der Spinne herkommend, zwei Wächter aufs Bahnhofsareal einbiegen. Nein, wie doof, wir müssen so schnell wie möglich abhauen. Ich pfeife dreimal kurz durch die Finger, unser Zeichen für *Achtung Polente* oder *Wächter kommen*. Dann springe ich fast vom Kesselwagen und lande dummerweise in Brennnesseln neben den Schienen. Wie gehetzte Kaninchen rennen wir über die Gleise in den Laehrpark und erreichen erschöpft und außer Atem die Hintereingänge unseres Wohnblocks.

Alter Kesselwagen.
Quelle: Foto Ingo Konrad Müller, BAHNBILDER.de

Zum Glück werden wir nicht durch den Park verfolgt und treten später auf die Straße, als wäre nichts geschehen. Wir fragen die großen Jungs, ob wir unsere Mutprobe bestanden haben, obwohl wir keinen richtigen Erfolg hatten. „Ihr habt ja viel Mut jehabt; wir werden uns wat Neues ausdenken und melden uns, wenn wir zum Teltowkanal angeln jehen. Denn könnt ihr auch mitkommen."

Späte Einsicht: Wie dumm war doch diese Mutprobe! Wir hätten sterben können. Oder noch schlimmer, wenn wir mit Streichhölzern in der Nähe der Kesselwagen gespielt hätten. Wahrscheinlich enthielten sie oft Brennstoffe und Chemikalien.

Gewehre und Pulverspiele

Über das Ausmaß der Kämpfe der letzten Kriegstage zwischen den Russen, der Waffen-SS und dem Volkssturm in Teltow und am Ufer des Teltowkanals von der Spinne bis nach Schönow und Kleinmachnow hatten wir als Kinder natürlich keine Ahnung. Niemand von den Erwachsenen erzählte uns auch davon.

Meine Mutter kam mit mir wenige Wochen nach der Invasion über den Teltowkanal in unsere Wohnung am Laehr'schen Jagdweg zurück, mein Vater Monate später. Große zerstörte Waffen und Kriegsmaterial waren bereits fortgeschafft worden, der gröbste Schutt auf den Straßen, von zerschossenen Gebäuden und Ruinen aus Bombenangriffen war aufgeräumt, zusammengetragen oder beseitigt. Hoch türmten sich die Müll- und Abfallhalden westlich von Schönow zwischen dem Kleinmachnower Weg und dem Kanal.

Berlin Kinder spielen im Schutt mit Waffen.
Quelle: Foto Krueger 1948, Wikimedia commons, Bundesarchiv Bild 183-2005-0803-519

Alle Funde kleinerer Handwaffen, Gewehre und der Munition, die unter uns Kindern die Runde machten, stammten aus diesen Gebieten, dem zerstörten Arial der Spinne, Teilen der Kläranlage nahe dem Kanal, dem Gebiet beiderseits der Wupperstraße, dem Südbahnhof der Goerzbahn und aus dem Laehrpark. Meistens waren es nur Einzelteile von Waffen sowie größere Mengen sowohl leerer Patronenhülsen als auch voller Patronen in unterschiedlichen Ausführungen und Größen.

Leere Patronenhülsen legte man vorzugsweise auf eine Bordsteinkante mit abgewendeten Zündhütchen und warf einen schweren Stein senkrecht darauf. Mit lautem Knall explodierte das Zündhütchen. Die platte Hülse konnte als Messing-Rohstoff beim Schrotthändler verkauft werden. Gefüllte Patronen wurden zwischen Bordsteinkante und Straße mit einem großen Stein zwischen dem Projektil und der Patronenhülse aufgeschlagen, das Pulver gesammelt und erst danach das Zündhütchen zerschlagen. Das Pulver diente vor allem als Handelsobjekt zwischen den Jungen untereinander und wurde meist für Feuerwerkskörper weiterverarbeitet. Letzteres war allerdings den älteren mehr erfahrenen Jungen vorbehalten. Gelegentlich führte diese gefährliche Spielerei zwangsläufig zu Verletzungen und Verbrennungen.

„Aber Moritz aus der Tasche
Zieht die Flintenpulverflasche,
Und geschwinde, stopf, stopf, stopf!
Pulver in den Pfeifenkopf.“

Max und Moritz, 4. Streich. *Wilhelm Busch 1865*

Pusterohre, Flitzbogen und Katapulte

Das Dschungelparadies Laehrpark diente mir und meinen Freunden, den *Kindern der Goerzbahn* nicht nur als Tummel- und Spielplatz, sondern auch der Nahrungsmittel- und der Materialbeschaffung für viele Basteleien, vor allen um Spielzeugwaffen herzustellen, was natürlich eine Konsequenz des vergangenen schrecklichen Krieges war. Obwohl diese selbst gebastelten Geräte auch etliche Verletzungen hervorrufen konnten, entsprangen sie unserem kindlichen Erfindungsgeist und Geschicklichkeit.

„Der Franz mit seinem Pusterohr
Schießt Bartelsmann ans linke Ohr.“
Wilhelm Busch ca. 1870

Puste- oder Blasrohre bastelten wir entweder aus langem und trocknem Schilfrohr, das an zerstörten und bis ins Wasser reichenden Uferböschungen der Treidelterrassen des Teltowkanals wuchs. Beste Lokalitäten befanden sich an der Einmündung des Stichkanals. Diese Rohrstücke mussten nur geputzt werden und funktionierten sofort. Als Munition dienten vor allem grüne, unreife und feste Holunderbeeren; aber auch getrocknete Erbsen wurden verwendet.

Mit den Pusterohren spielten wir Krieg, das heißt, wenn jemand getroffen wurde, musste er umfallen. Derjenige, der keine Treffer abbekommen hatte, war der Sieger. Heute haben sich aus diesem naiven und unwissenden Spiel die dekadenten *paint ball*-Kämpfe der Erwachsenen entwickelt, mit denen als Kriegsersatz sogar internationale Wettkämpfe durchgeführt werden. Der schreckliche Weltkrieg mit sechzig Millionen Toten war vielen Menschen offenbar noch nicht genug.

Aus geraden Holundertrieben ließen sich die besten Blasrohre herstellen. Man musste nur das weiße innere Mark mit Eisendraht herauskratzen und die Röhre sorgfältig putzen. Mit vollem Mund und kräftiger Puste konnten wir viele Beeren hintereinander abschießen.

Flitzebogen hatten dagegen bei uns Kindern eine andere Bedeutung und Verwendung. Natürlich waren sie die eigentlichen Waffen der Indianer, deren Geschichten wir bereits kurz nach dem Kriege zu hören bekamen und deren Bilder als erste Filme im wiedereröffneten Kino in Zehlendorf über die Leinwand flimmerten.

Indianer mit Pfeil und Bogen (Virginia).
Quelle: Theodor de Bry 1590, Wikimedia commons

Wichtige Utensilien, um geeignete Äste von Haselnuss-Sträuchern, Weiden und Birken zurechtzuschneiden, waren natürlich Messer, die in der frühesten Nachkriegszeit sehr rar waren. So gebrauchten wir vor allem Küchenmesser. Später verwendeten wir die ersten, in Läden erhältlichen Taschenmesser und sogar vereinzelt Pfadfinder-Fahrtenmesser mit Lederscheide, die der große Wunsch eines jeden Jungen waren.

Die frischen Haselnussruten mussten zurecht geschnitzt, getrocknet und dann mit Schnur oder starker Angelsehne, die wir aus einem kleinen Laden in Teltow erstanden, gespannt werden. Pfeile schnitzten wir meist aus dünneren Haselnussruten. Einige ältere Buben wussten sogar, wie man Federn an den Pfeilenden befestigen konnte. Ziele unseres sportlichen Bogenschießens waren Reichweite und Treffsicherheit, wobei wir diesen Wettstreit meist auf der großen Lichtung und Wiese im südlichen Teil des Laehrparks austrugen. Als Zielscheiben dienten meist bemalte Kartonschachteln. Schüsse auf Kinder waren strikt verboten. Leider wurde das Verbot durchbrochen, als Pfeile mit Saugnäpfen aus Gummi im Spielwarengeschäft in Zehlendorf erhältlich wurden.

Dazu gesellten sich auch typische Indianerspiele, die für den einen oder anderen Verlierer am Marterpfahl endeten, von dem man sich mit aufwändiger Geschicklichkeit aus verknoteten Seilen befreien musste. Natürlich führte dies manchmal zu Tränen, wobei ich selbst unter den Leidtragenden war und oft zu spät nach Hause kam.

Mit Pfeil und Bogen bewaffnet gingen wir natürlich wie die Indianer im Film auch auf die Jagd, um wilde Kaninchen zu jagen von denen es einige im Laehrpark und angrenzendem Gebiet des Südbahnhofs gab. An die Geschicklichkeit und die Schnelligkeit im Zickzackrennen der Kaninchen kam von uns aber niemand heran, so dass wir immer mit leeren Händen und leeren Mägen von der Jagd heimkamen.

Aus Frust über diese Misserfolge oder aus Übermut schossen wir auf größere Vögel wie Krähen, von denen wir von einigen Eltern hörten, wie grässlich ihr Geschrei sei und dass sie nur kleine oder schwache tote Tiere essen würden. Diesmal war die Jagd von Erfolg gekrönt. Leider war einmal ein Buntspecht darunter, was wir wirklich nicht wollten, da es ein sehr nützlicher Vogel war, der sich von Maden und Ungeziefer unter den Baumrinden ernährte. So bekamen wir denn auch gehörig die Leviten gelesen und mussten versprechen, nie wieder auf Vögel aller Art Jagd zu machen.

Bereits während der Flitzebogenphase kamen die Katapulte hinzu. Natürlich hatten alle älteren Jungen bereits Katapulte, so dass es für uns Jüngere einfach war, diese nachzubauen. Geeignete Astgabeln von der Größe einer Hand waren das Wichtigste. Hier eigneten sich als beste Kandidaten sowohl Haselnusszweige als auch gegabelte junge Pappel-, Buchen- und Eichenäste. Dabei musste der daumendicke Griff der Gabel dicker sein als die möglichst fingerdicken gegabelten Äste. Mit einem Messer wurde die Rinde der Gabel entfernt und die Größe mit Kerben an den oberen Enden zurecht geschnitzt.

Gummibänder, die wir in unterschiedlicher Länge und Breite aus weggeworfenen Motorrad- oder Autoschläuchen herausschnitten, wurden mit Draht oder Schnur an die Gabelenden eingebunden und mit einem flachen Stück Leder als Munitionstasche vervollständigt. Die Größen der Katapulte waren sehr variabel und damit auch die Reichweite und die Treffsicherheit der Geschosse.

Katapult mit Steinen.
Foto: V. Dietrich

Als Munition dienten mehrheitlich kleine rundliche Kiesel, jede Art unreifer Früchte wie grüne Kirschen aber auch deren Kerne. *Bleikoffer* aus zerhackten Bleimantelstücken von Kupferkabeln war Munition, von der wir nur zu gut wussten, wie gefährlich die einzelnen Geschosse waren. Ich erinnere mich, dass diese Munition nie untereinander als Waffe benutzt wurde, auch wenn es oft zu Box- und Ringkämpfen unter uns kam. Es war also ein ungeschriebenes Gesetz der Ehre, nicht mit Katapulten aufeinander zu schießen. Allerdings gelang es einigen älteren Jungen mit Katapulten wilde Kaninchen zu erledigen. Dann konnten wir Kleine nur staunen.

Tragödie im Löschteich der Spinne

Endlich ein warmer Frühlingstag, obwohl es schon Mitte Juni ist. Während der Morgenstunden erzählt uns der Klassenlehrer von singenden Vögeln im Frühling, die ihre Nester bauen, Eier legen und den heranwachsenden Jungvögeln. Aber auch von Fröschen, die jetzt ihre Froscheier, den Laich ablegen und aus denen kleine schwarze Winzlinge mit Schwanz, die Kaulquappen schlüpfen. Bis zum Sommer hin könne man beobachten, wie kleine Beine mit Flossen wüchsen, der Schwanz abfiele und ein richtiger Frosch entstünde.

Das ist natürlich spannend, und so beschließen wir, Kaulquappen zu fangen. Aber wo? Zwei Nachbarsbuben, Kalle und Otte kennen einen zerbombten Löschteich, der noch immer viel Wasser enthält und aus dem man Frösche quaken hört. So begeben wir uns nach dem Mittagessen, bewaffnet mit Einmachgläsern zum Löschteich auf dem nahen Spinnstoffareal, die *Spinne* genannt, allerdings unter dem Vorwand, Walderdbeeren im Laehrpark zu suchen, da uns das Betreten zerbombter Anlagen von den Eltern verboten worden war.

Der Löschteich liegt auf dem freien Feld neben der Spinne und ist durch die andauernden Regentage im Mai immer noch bis zum Rand mit Wasser gefüllt, aber bereits schon teilweise verkrautet. Im zerbombten Teil sind die Betonblöcke zusammen mit einem Wirrwarr von Eisenstangen und Drähten von Algen überzogen.

Am Beckenrand und auf dem Bauch liegend können wir an verschiedenen Stellen herumzappelnde Ansammlungen dieser fingernagelgroßen schwarzen Kaulquappen erkennen. Mit einigem Geschick gelingt es uns, mit dem mitgebrachten kleinen Küchensieben einige dieser Winzlinge zu fangen.

Während ich noch etwas Entengrütze zu den ersten beinlosen Tierchen ins Wasserglas schütte, kommen Kalle und Otte vom zerbombten Ende des Teichs gerannt und erzählen mir aufgeregt von silbrig glitzernden Stücken zwischen Betonblöcken am Grund des Beckens.

Haben vielleicht die Bomben einen versteckten Silberschatz geknackt und ihn über den Beckenboden verstreut? Das Wasser ist für uns dort viel zu tief, auch können wir noch nicht schwimmen. Wir müssen jemanden finden, der schwimmen und tauchen kann. So schwören wir, niemandem von der Entdeckung zu erzählen, vielleicht nur größeren Jungen, die wirklich auch schwimmen und tauchen können. Die Gläser mit den Kaulquappen lassen wir in unserem Hüttenversteck im Park zurück und suchen hastig vor unserer Rückkehr nach Hause noch einige Walderdbeeren als Beweis unserer Nachmittagsaktivitäten.

Am nächsten Tag fragen wir ältere Schüler auf dem Schulhof, ob sie schon schwimmen und vielleicht sogar schon tauchen können. Nach einigem Hin und Her finden wir zwei ältere Jungen, die behaupten, dass sie dies schon könnten. Schwimmunterricht gibt es ja nirgendwo. Man kann dies höchstens im Strandbad Wannsee oder von den Eltern in den Freibädern in der Havel, der Krummen Lanke und im Schlachtensee lernen. Wir erzählen den Jungen von unserem Geheimnis unter der Bedingung zu schwören, den Schatz mit uns zu teilen.

Nachmittags treffen wir uns dann am Löschteich und zeigen die Stelle mit den glitzernden Stücken am zerbombten Beckenboden. Beide Jungen springen sofort ins Wasser, das zum Glück durch die starke Frühlingssonne bereits recht warm geworden ist. Während der eine Junge kaum untertauchen kann, gelingt es dem anderen mit der Hand den Beckenboden zu erreichen. Doch die glitzernden Stücke liegen genau zwischen den zerbrochenen Betonblöcken mit den Eisenstäben. Der Junge versucht es noch einmal. Wieder nicht. Dann noch einmal und dann ... Kann er so gut und so lange unter Wasser bleiben?

Dann wird es uns Kleinen bewusst: Er ist zwischen den Eisenstäben eingeklemmt und gefangen. Wir können nicht helfen. Er strampelt wie wild unter Wasser. Zwei von uns schreien vor Angst. Dann laufen wir weinend zum nahen Beeskowdamm, um Hilfe zu holen. Aber es kommt kein Auto. Endlich ein Lastwagen. Wir winken wie wild und schreien. Der Fahrer hält an und will wissen, was passiert sei.

Wir können nur schreien, ein Junge sei ertrunken. Dann rennen wir zusammen zum Löschteich. Der Junge ist immer noch gefangen. Der Fahrer ruft uns zu: „Ich kann auch nicht schwimmen, aber ich fahre schnell zum Feuermelder an der nächsten Ecke und schlage ihn ein."

Es dauert unendlich lange bis wir die Feuerwehr hören. Dann sind sie da, mit einem Leiterwagen. Ein Feuerwehrmann springt sofort mit einem langen Schlauch im Mund ins Wasser und befreit den Jungen. Auf dem Beckenrand versuchen sie ihn zu beatmen, aber er rührt sich nicht mehr. Jetzt sind auch der Krankenwagen und die Polizei angekommen. Die Helfer versuchen den Jungen wiederzubeleben, er wird eingeladen und sofort mit dem Wagen abtransportiert. Die Feuerwehrleute und Polizisten wollen von uns wissen, wie alles gekommen sei und notieren auch unsere Namen. Dann dürfen wir nach Hause gehen. Wir weinen alle bis wir zu Hause sind. Ich habe große Angst, Mutter und Vater zu erzählen, was sich am Spinne-Löschteich ereignet hat, da ich ja dort nicht hingehen durfte.

Doch ich bekomme keine Strafe. Im Gegenteil, meine Mutter nimmt mich ganz fest in die Arme und weint.

Feuermelder.
Quelle: Foto Eisenacher - commonswiki

Das Bild des armen, zwischen den Steinen und Betonblöcken eingeklemmten Jungen zwischen den erschien mir noch oft in meinen Träumen, von denen ich schweißgebadet aufwachte. Ich wurde das Schuldgefühl nicht los, den Jungen von dem Silberschatz erzählt zu haben, der keiner war. Wie ich später hörte, waren es nur zerbrochene Stahlteile.

Der Teltowkanal, ein Nachkriegsbiotop

Bäche, Teiche, Seen und Flüsse üben eine magische Anziehungskraft auf alle Kinder aus, ganz gleich welchen Alters. So faszinierte der Teltowkanal uns Kinder von den Wohnblöcken am Laehr'schen Jagdweg, von der Telefunkensiedlung und aus Schönow.

Soweit ich mich heute erinnere und rekonstruiere, hatte sich wahrscheinlich während der letzten Kriegsjahre und während des Zusammenbruchs an vielen Orten durch die Schließung der Schleusen der Kanal als stehendes Gewässer ohne jegliche Strömung in ein ideales Biotop verwandelt.

Die nördlichen Kanalböschungen zwischen der gesprengten Fritz-Schweitzer-Brücke und der Knesebeckbrücke waren durch Artillerie- und Granatwerferfeuer des 24. April 1945 weitgehend zerstört worden, so dass Teile der Treidelterassen in den Kanal gerutscht waren.

Gemälde der am 21. April 1945 gesprengten Knesebeckbrücke über den Teltowkanal. *Quelle: Heimatverein der Stadt Teltow e.V., Künstler unbekannt*

Die warmen Sommermonate 1945 und 1946 sowie anhaltende Regenfälle und Gewitter taten ihr übriges und verwandelten das Nordufer des Kanals in eine Schilflandschaft mit kleinen Buchten, welche mit Schlingpflanzen und Entengrütze gefüllt waren. Dazwischen wimmelte es von quakenden Fröschen und kleinen Fischen, den Stichlingen, die man mit der Hand fangen konnte.

Teichfrösche und Kaulquappen.
Quelle: Brehms Tierleben, Bd. 7, 1892

Natürlich hörten wir auch die Geschichte mit dem Wetterfrosch im Glas, der bei schönem Wetter die kleine Leiter im Glas hinaufklettern und bei Regen auf dem Boden bleiben sollte. Aber konnten wir einen Frosch aus den kleinen Buchten zwischen Entengrütze und Schilf fangen? Einige ältere Jungen hatten eine einfache Methode mittels langen Haselnussruten und einem Stück Schnur entwickelt, an deren Ende ein hakenartiges Stück Draht befestigt war. Darauf steckten sie einen Wurm oder ein zappelndes Insekt und hielten es über die Entengrütze. Es dauerte nicht lange, bis ein Frosch aus dem Wasser sprang, um nach dem Köder zu schnappen. Der Arme blieb am Haken hängen oder schluckte seine Beute noch fast hinunter. Vorsichtig mussten Haken und Köder entfernt werden, was bei dem zappelnden glitschigen Frosch einige Geschicklichkeit erforderte.

Dann kam er ins Glas, in der Regel ein Einmachglas, in das noch ein kleiner vergabelter Zweig hineingesteckt werden musste. Der Glasboden wurde mit Grütze bedeckt und schließlich ein Stück Tuch als Deckel befestigt. Der Wetterfrosch im Glas wurde mit Stolz in unsere Hütte im Park mitgenommen. Damit der Frosch nicht hungern sollte, fütterten wir ihn mit halbtoten dicken Schmeißfliegen und kleinen Libellen.

Wetterfrosch. *Quelle Radierung nach einem Gemälde von Hans Pöck Gartenlaube 1887, Wikipedia*

Leider konnten wir den Frosch nicht mit heimnehmen, da sonst unsere Eltern gewusst hätten, dass wir verbotenerweise am Teltowkanal gewesen waren anstatt im Laehrpark zu spielen. Aber das war wie so oft unser tägliches Schicksal. Am nächsten Tag gleich nach der Schule besuchten wir den Wetterfrosch. Trotz des ungetrübten warmen Frühlingswetters saß der Frosch putzmunter atmend am Boden. Vielleicht hatte er keine Lust, also mussten wir warten. Abends zog ein Gewitter auf. Rasch rannten wir nochmals in den Park zur Hütte. Aber der Frosch schien zu schlafen. Am nächsten Mittag eilten wir direkt nach der Schule zum Frosch, da uns das Experiment keine Ruhe ließ, obwohl der Himmel von dunklen Wolken überzogen war und es regnete. Wir trauten unseren Augen nicht, was wir sahen.

Da saß der Frosch quietschvergnügt in der kleinen Astgabel unter dem Tuch. Irgendetwas hatten wir falsch gemacht, vielleicht zu wenig gefüttert. So beschlossen wir dem armen Frosch die Freiheit wiederzugeben und setzten ihn in einen Grasfleck unweit der Hütte aus.

Jedes Mal im späteren Leben, wenn die Wettervorhersage nicht stimmt, muss ich an unseren Wetterfrosch denken.

Schilfkolben (Rohrkolben, Kanonenputzer). *Quelle: Wikimedia commons*

Nicht nur Frösche und deren Abkömmlinge, die zu Fröschen heranwachsenden Kaulquappen, faszinierten uns am Teltowkanal, sondern auch Enten, Blesshühner und Haubentaucher, die ihre Nester im Schilf bauten. Heute verstehe ich, dass die eigenen Beobachtungen und meine frühen Erlebnisse die besten Lehrmeister waren.

Pflanzen interessierten uns Kinder eigentlich weniger, es wäre denn, man konnte ihre Süße irgendwie genießen oder sie für irgendwelche nützlichen und lustigen Dinge verwenden.

Das betraf vor allem das Schilf. Während die eher trockenen langen Schilfrohre für Pfeile und Pusterohre verwendet wurden, eigneten sich die braunen Schilfkolben (als *Kanonenputzer* bezeichnet) auch noch für einen anderen Gebrauch. Sie sahen nicht nur wie Zigarren aus, sondern sie glühten und qualmten auch wie Zigarren, wenn man sie am vorderen Ende angezündet hatte.

Um richtige Zigarren daraus zu machen, musste man den inneren Stängel kurz unterhalb des Kolbens abschneiden und mit einem Draht das innere Mark entfernen, um ein perfektes Mundstück zu erhalten. Sobald die Ersatzzigarre fertig war, musste sie von uns allen ausprobiert werden. Streichhölzer hatten die größeren Jungen immer dabei, was damals selbstverständlich war. Auch wir Kleinere lernten schnell mit dem Feuer umzugehen und mussten dann den Schmerz kleinerer Verbrennungen an den Fingern selbst erfahren.

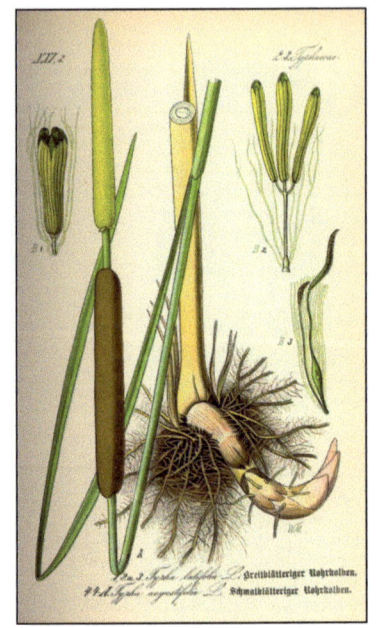

Schilfkolben, Rohrkolben, Kanonenputzer.
Quelle: Wikimedia commons

Die Schwierigkeit, die besten Schilfkolben zu erhalten, war ihre Erreichbarkeit, da sie meist inmitten des Schilfs an Orten mit tieferem Wasser wuchsen. Der eiskalte Winter des Jahres 1947 brachte die Lösung. Der Teltowkanal gefror gänzlich, und so konnten alle Schilfstellen leicht erreicht werden, was allgemein zum Raubbau führte, um Schilf samt Kolben als Heizmaterial zu verwenden.

Dennoch hatten auch wir genug Schilf gehortet und probierten wie die Indianer, an einem Lagerfeuer Schilfkolben zu rauchen. Es qualmte und roch fürchterlich. Einigen von uns wurde schwindlig und übel. Mit Wasser löschten wir die Zigarren und das Feuer und liefen mit bleichen bis grünen Gesichtern und Bauchweh nach Hause. Ich musste meiner Mutter den Grund erklären und dann einen Finger tief in den Hals stecken, um zu erbrechen. Danach steckte Mutter mich ins Bett. Weil diese wohl Strafe noch nicht genug war, bekam ich drei Tage Stubenarrest, da ich wieder zum verbotenen Teltowkanal-Paradies gegangen war.

Experimentierzoo Balkon

Unsere kleine Zweieinhalb-Zimmer-Parterrewohnung genoss den unglaublichen Vorteil einen Balkon zu besitzen, der mit dem Abstand eines schmalen Kellerfensters über dem Boden lag und damit direkt an den Laehrpark angrenzte.

Über den Balkon konnte ich mithilfe eines Stuhls und mit einem Sprung in den Park gelangen. Umgekehrt war es natürlich eher beschwerlich und ohne kleine Leiter kaum machbar. Das hatte zwar in Bezug auf etwaige Diebe einen Vorteil, beruhigte aber meine Mutter keineswegs, wenn mein Vater abwesend war. Der Balkon war mein Territorium, da meine Eltern in den ersten Nachkriegsjahren ganztägig arbeiteten und ich als Schlüsselkind meist nachmittags allein in der Wohnung weilte und Schulaufgaben machen sollte, sofern mich nicht andere Aktivitäten davon abhielten, derer es ja unzählige gab.

Die Balkonaktivitäten waren im Wesentlichen jahreszeitlich verschieden, d.h. von der Temperatur abhängig. In den Wintermonaten wurde der Balkon meist nur als fensterloser Abstellraum benutzt, insbesondere für gesammelten und verkäuflichen metallischen Schrott oder Abfall von Basteleien.

Mit dem beginnenden Frühling änderte sich dieser Zustand schlagartig; der Schrott wurde verkauft und machte starken Kartonschachteln, Holzkisten und Gläsern Platz. Mit Pflanzen hatte ich nicht viel im Sinn, da ich für ihre Pflege und ihr langsames Wachstum zu ungeduldig war. Dagegen hatten es mir alle Tiere angetan. Leider waren meine Eltern keine Tierliebhaber, weswegen weder Hund noch Katzen einen Platz in unserer kleinen Wohnung hatten.

Eines Tages kam mein Vater mit einem großen Koffer gefüllt mit allen Bänden der Serie *Brehms Tierleben* heim. Er hatte sie günstig in einem Buchladen in Charlottenburg erwerben können. Diese Bücher entpuppten sich mit ihren wundervollen, von Hand gezeichneten und farbigen Bildseiten als wahre Fundgrube für meine Bedürfnisse.

Für die Angelei züchtete ich Regenwürmer in einer Holzkiste, die mit Kompost und Moorerde gefüllt war. Gläser waren dafür ungeeignet, da sie Fäulnis ansetzten und die Würmer starben. In die Gläser kamen die Kaulquappen aus dem Löschteich und aus den flachen Buchten des Teltowkanals. Nachdem ergebnislosen Versuch mit dem Wetterfrosch verlor ich das Interesse an Fröschen. Im Sommer fing ich dann wieder kleinere Frösche, allerdings nur als Nahrung für meine Ringelnattern.

Mit dem Monat Mai stellten sich unter allen Kindern der Tauschhandel mit Maikäfern aufgrund der großen Variabilität in Farbe ihrer Flügel und Fühler ein, z.B. die Männchen mit den langen und die Weibchen mit den kurzen Fühlern. Während der Jahre 1948-1952 wurden die frischen Blätter aller Eichen, Buchen und Birken von Maikäfern stark zerfressen. Ganze Scharen von Käfern fielen zu Boden, wenn man herababhängende Äste der Buchen oder junge Birken schüttelte.

Der Maikäfer. *Foto V. Dietrich*

„Jeder weiß, was so ein Mai-
Käfer für ein Vogel sei.
In den Bäumen hin und her
Fliegt und kriecht und krabbelt er
Max und Moritz immer munter,
Schütteln sie vom Baum herunter.
In die Tüte von Papiere
Sperren sie die Krabbeltiere"

Max und Moritz. *Wilhelm Busch 1865*

Wetten wurden untereinander abgeschlossen, welcher Käfer wohl als erster den Mittelfinger hinaufklettern und dann von der Fingerspitze starten würde.

Gegen Ende Juni starben die Maikäfer nach der Eiablage im feuchten Waldboden. Während der Regenwürmersuche im Juli stießen wir dann auf zahlreiche Engerling-Larven, aus denen in späteren Jahren die neuen Generationen der Maikäfer schlüpfen sollten. Leider hatten wir mit den Engerlingen keinen Erfolg beim Angeln. Diese weißen großen Larven mit schwarzen Köpfen schmeckten offenbar keinem Fisch.

Auch Igel fanden zwischenzeitlich ihr Dasein auf dem Balkon zwecks Beobachtung. Anschließend wurden sie aber wieder im Wald ausgesetzt.

In den trockenen Sommermonaten wechselte die Balkonfauna zu Eidechsen und Schlangen. Im niederen Mauerwerk der Bauten auf dem Goerzbahngelände und auch in den von Gras überwucherten Ruinenschutthalden wimmelte es von Eidechsen. Als Transportmittel für Eidechsen eigneten sich Einmachgläser mit luftdurchlässigen Pappdeckeln oder Tüchern. Auf dem Balkon kamen sie dann in eine große abgedeckte Schachtel. Das Fangen von Eidechsen bedurfte besonderer Geschicklichkeit und Sorgfalt. Sobald man sie am Schwanz erwischte, brach dieser ab. Als Futter bekamen die Eidechsen noch zappelnde halbtote Fliegen, kleine Schnecken und Regenwürmer.

Eine weitere große Pappschachtel war den Schlangen gewidmet. Ideales Schlangengebiet der Blindschleichen und Ringelnattern waren feuchte und verwilderte Uferplätze entlang des Teltowkanals. Aus *Brehs Tierleben* erfuhr ich, dass die Blindschleichen schlangenartige Eidechsen ohne Beine sind.

Der Name der Blindschleiche beruht allerdings nicht auf schlechtem Sehvermögen, sondern er leitet sich vielmehr vom althochdeutschen *plintslîcho* her, was soviel wie *blinkender Schleicher* bedeutet und auf die glänzende Schuppenhaut zurückzuführen ist

Beide, am Kanal gefangenen Ringelnattern wurden nach einigen Tagen sehr häuslich und zutraulich; dies umso mehr, nachdem sie einen Frosch verspeist und verdaut hatten. Ich konnte die Natter ruhig in die Hand nehmen und auf meine Beine und Bauch legen, ohne dass sie zu beißen versuchte.

So beschloss ich eines Tages, eine Ringelnatter mit in die Schule zu nehmen, um damit die Mädchen meiner Klasse zu erschrecken. Ich steckte sie einfach unter mein zugeknöpftes Hemd und schnürte die Lederhose mit dem Gürtel gut zu, damit sie nicht in die Hose rutschen konnten. Zwei meiner besten Schulfreunde wussten natürlich davon und waren gespannt, was in der Schule mit der Schlange passieren würde.

In den ersten beiden Schulstunden passierte nichts, doch dann machte sich die Schlange selbstständig und schaute aus dem Hemd heraus. Das sah eines der Mädchen und stieß einen tierischen Angstschrei aus, worauf die ganze Klasse zu mir blickte. Die Mädchen kreischten vor Angst und die Jungen lachten. Der Lehrer fand diesen Scherz gar nicht lustig. Ich wurde zum Rektor gerufen und verwarnt, bekam einen Eintrag ins Klassenbuch und musste dann die Schule verlassen, um die Schlange heimzutragen. Meine Eltern wurden schriftlich benachrichtigt.

Eidechsen, Blindschleiche und Ringelnatter;
Quelle: Brehms Tierleben, Bd. 7, 1892

40

Als Strafe musste ich einen ganzen Nachmittag nachsitzen und zehn Seiten schönschreiben: „Ich darf keine faulen Scherze mit Tieren machen und Kinder nicht erschrecken". Meine Ringelnattern kamen danach wieder an ihren Fundort zurück. Sie hatten diese Episode offenbar genossen.

Im Teltowkanal fing ich während meiner frühen Angelphase häufig verschiedenfarbige, stachelige, mehrere Zentimeter lange „Stichlinge", beobachtete sie in großen Einmachgläsern and fütterte sie mit Brotkrümeln. Später setzte ich sie wieder im Kanal aus, da es noch keine richtigen Aquarien zu kaufen gab.

Gemeiner Stichling mit Nest (Gasterosteus trachurus). ¹/₃.

Stichling. Quelle: *Meyers Konservations-Lexikon 1887*

Nach der Schlangenepisode erhielt ich von Freunden als Geschenk zwei weiße Mäuse, die den Rest des Sommers in einem kleinen Käfig auf dem Balkon verbrachten aber im Herbst an andere Kinder mit einer größeren Wohnung verschenkt wurden.

Klasse 5a 1950 Scheizerhof Schule; Volker (Pfeil). *Quelle: Foto W. Haubenreisser*

Angeln aus Spaß, Fische zum Essen

Soweit ich mich erinnere, war die hölzerne Behelfsbrücke der zerstörten Knesebeckbrücke für Fußgänger zwischen Zehlendorf Süd / Schönow und Teltow von 1946 bis zum Beginn der russischen Blockade Berlins am 24. Juni 1948 passierbar. Während der Blockade vermieden wir den Besuch des Kanals, da er ständig von der Teltower Seite her vom russischen Militär bewacht wurde und der Brückenübergang vollständig geschlossen war. Wir hatten große Angst, die Russen würden auf uns schießen. Erst nach Ende der Blockade im Sommer 1949 wurde die Sperrung aufgehoben, so dass wir uns wieder ans Ufer des Kanals trauten. Unterdessen war das Schilf hoch herangewachsen, und wir selbst waren auch älter geworden.

Die Ära des Angelns begann mit dem Ziel, Fische heimzubringen und zu essen. Aus langen Haselnusstrieben bastelten wir richtige Angelruten. Angelsehne aus Nylon und Angelhaken verschiedener Größe erstanden wir in Läden sowohl in Zehlendorf als auch in Teltow. Posen bauten wir uns aus Flaschenkorken und Vogelfedern selbst. Kleine Bleistücke zum Aufrichten der Posen konnten wir aus dem Bleimantel der gesammelten Kupferkabel herausschneiden. Nach einigen Basteleien und Angelversuchen besaßen wir ein ganzes Arsenal von Angelruten, mit denen wir vor allem an Nachmittagen während einiger Stunden an geeigneten schilffreien Plätzen am Kanal angelten. Die Wurfweite unser Angeln war durch die Länge der Ruten stark begrenzt und beschränkte sich nur auf wenige Meter und geringe Wassertiefe.

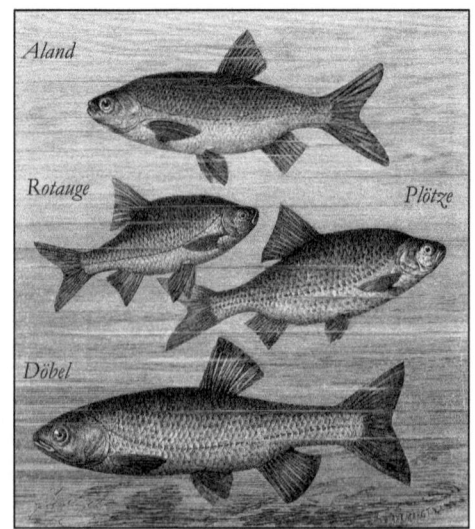

Fische des Teltowkanal: Aland, Rotauge, Plötze, Döbel. *Quelle: Brehms Tierleben 1892*

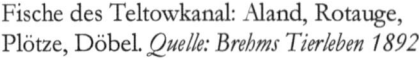

Die Form der Köder war das eigentliche Problem und variierte zwischen mit Spucke geformten und verklebten Brotteigkügelchen, Baumrinden-Maden und natürlich Regenwürmern. Jeder von uns hatte deswegen seine eigene Methodik und hütete sorgsam die Lokalitäten der Regenwürmer, also feuchte Plätze im Park und in Komposthaufen der benachbarten Schrebergärten zwischen unserer Siedlung und dem Teltowkanal.

Durch ständiges Experimentieren mit unterschiedlichen Ködern lernten wir die verschiedenen Fischarten des Kanals kennen. Mit Brotteig und nahe der Wasseroberfläche bissen die weißlichen Plötzen mit ihren leicht rötlichen Flossen am besten, während die Barsche mit ihren stacheligen Rückenflossen eigentlich nur mit Regenwürmern und in tieferem Wasser zu fangen waren.

Flußbarsch (Perca fluviatilis). ¼. (Art. Barsch.)

Barsch. *Quelle: Meyers Konversations-Lexikon 1887*

Aus der Art der Bewegung der Posen beim Anbeißen eines Fisches erkannten wir bald die Art und Größe des Fisches. Besonders geschätzt waren größere Rotfedern und vor allem Schleie, deren Fleisch am köstlichsten war und dazu noch die wenigsten Gräten besaß.

Leider hatten wir für unsere Angelei nur Nachmittage zur Verfügung, eine Tageszeit, in der die meisten Fische zum Beißen zu faul waren. Nur in den Ferien konnten wir manchmal mit der Morgendämmerung aufstehen und an unsere Angelstellen eilen. Die Fangresultate waren dementsprechend, und so konnten wir stolz unsere Beute als Bereicherung des Mittagessens nach Hause tragen.

Als beste Angelplätze entpuppten sich Bereiche, die einen starken Schilfbestand aufwiesen, aber dafür wenig Freiraum zum Angeln boten. Es passierte oft, dass sich entweder die Angel in Schilf verhakte, sodass der Fisch mitsamt Haken und Sehne iem Schilf stecken blieb. So mussten wir mit langen Stöcken unsere Beute mühsam befreien.

Zu guten Plätzen zählten die Zonen nahe den gesprengten Brücken und an der Einmündung des Stichkanals.

Stichkanal Juni 2012. *Quelle: Foto Rudolf Buch, Wikipedia commons*

Verschiedene Male brachten wir etwas Salz von zu Hause mit, um unsere gefangenen Fische direkt am Ort zwischen den Treidelgleisen zu braten, wodurch wir automatisch lernten, wie man Fische zubereitet. Zuerst mussten die Eingeweide herausgenommen, dann die Fische entschuppt, gründlich mit Kanalwasser gewaschen, gesalzen und schließlich auf Holzspießen über dem Feuer gebraten werden. Wenn auch am Anfang die Gräten beim Essen sehr hinderlich waren, lernten wir das Herausknabbern des Fleisches bis zur Perfektion. Als Bereicherung dieser Festmahlzeiten brachten wir oft Kartoffeln mit, die zwischen den Steinen gebraten wurden.

Aal. *Quelle: Meyers Konversations-Lexikon 1887*

Das schönste Erlebnis war der Fang eines Aals kurz nach Sonnenaufgang. Glücklicherweise riss er sich nach mehrfachen Hin- und Herschlagen erst vom Haken los, als er schon auf den Treidelgleisen im Sand lag. Er hatte die Dicke meines Arms und passte kaum in die größte Bratpfanne daheim, die wir bei Nachbarn auftreiben konnten. Dafür bekamen alle ein gutes Stück gebratenen Aal. Wir waren die Helden des Tages. Es ist erstaunlich, dass zu dieser frühen Nachkriegszeit der Fischreichtum im Teltowkanal abnormal hoch war, wenn man bedenkt, wie viel Fische wir gefangen haben auch wenn unsere damaligen Angelgeräte recht primitiv warenwaren.

Das Strandbad am Teltowkanal

Die Sommermonate des Jahres 1950 wurden für mich und meine Freunde und für mehrere Kinder der benachbarten Siedlungen zu besonderen Erlebnissen, da wir schwimmen und tauchen im Teltowkanal lernten.

Fritz-Schweizer-Brücke (1912 als Dahlemer Brücke bezeichnet);
Einblendung: *Badestrand Spucki* 1950 mit Volker auf Treidelgleis. *Quelle: Glatzel (2015)*

45

Seit Ende der Blockade war der Kanal kein Tabu mehr für uns. Das strikte Verbot am Kanal zu spielen, war zum Glück bereits mit der Angelei aufgehoben worden.

Ort des Geschehens war die Treidelböschung an der südlichen Seite der gesprengten Fritz-Schweizer-Brücke, deren Hauptteil auf der Teltower Seite wieder gehoben worden war, und in der Mitte des Kanals durch Holzpfähle (*Dalben*) und ein starkes hölzernes Gerüst abgestützt wurde.

Das Zehlendorfer Ufer hatte sich in Sanddünen aufgelöst, aus denen wie eine Aussichtsplattform die eisernen Treidelgleise herausragten. Reste von Betonplatten des ehemaligen Brückenfundaments reichten bis zur Wasserkante des Kanals und stellten daher ein ideales Sprungbrett in den Kanal dar. Der weiße Sandstrand, von uns auch *Spucki* genannt, setzte sich zwar bis ins Wasser fort, fiel dann aber nach wenigen Schritten steil in die Tiefe ab. Wie tief der Kanal wirklich war, konnte man nicht erkennen, da das Wasser recht trüb war und praktisch zu dieser Zeit kaum Strömung erkennen ließ.

Wir mussten also sehr vorsichtig sein, um beim Planschen nicht in die Tiefe abzurutschen. Und so mussten wir uns mit aufgepumpten Motorrad- und Autoschläuchen behelfen. Mehrere ältere Jungen konnten bereits gut schwimmen und tauchen, wollten aber auf uns nicht aufpassen, da sie lieber auf den Holzgerüsten der Brücke herumspringen und kopfspringen üben wollten.

Dennoch waren sie es, die uns den ersten Schwimmunterricht erteilten. Wie ich mich erinnere, waren folgende Schritte zu durchlaufen. Beide Arme mussten wir als Halt über die Autoschläuche legen und Froschbewegungen mit den Beinen üben, bis sie von den Bewegungen der Frösche nicht zu unterscheiden waren. Mit Händen und Armen wurde gerudert. Hundepaddeln durften wir nicht, sondern nur wie ein Frosch schwimmen, da dies weniger anstrengend war und man schneller vorankam. Die erste Schwimmübung mit Gummischlauch wurde bereits im tiefen Wasser gemacht. Als Sicherheit schwamm immer ein größerer Junge nebenher. Danach wurde luftanhalten im flachen Bereich unter Wasser geübt, wobei wir bis sechzig zählen mussten. Wer diesen Schritt geschafft hatte, durfte auf dem Rücken eines älteren Jungen einige Meter in den Kanal hinausschwimmen. Dann tauchte der Ältere ab und man konnte allein mit Armen und Beinen wie ein Frosch ans Ufer schwimmen.

Volkers Hundepaddeln mit Autoschlauch im Teltowkanal. *Foto Herbert Dietrich*

Natürlich war es der schwierigste Teil, aber ich erinnere mich, dass wir alle Schritte an einem Nachmittag schafften.

Neben den Kanalschwimmstunden übten wir unsere Schwimmkünste während des Sommers bei mehreren Besuchen im Strandbad Wannsee auf einem flachen Sandboden, auf dem man weit in den See hineinlaufen und schwimmen konnte.

Als weitere Lektion am Teltowkanal kam das Kopfspringen von der meterhohen Betonplatte des Brückenfundaments an die Reihe. Die größeren Buben machten es vor und blieben im Wasser, um uns aufzufischen, wenn wir auftauchten. Der erste Sprung ins dunkle Wasser war der schlimmste Moment. Platsch, mit dem Kopf voran und Augen zu ins kalte Nass. Dann wurde ich gepackt und erblickte das Tageslicht wieder. Nach dem x-ten Sprung hatten wir alle kein Problem mehr und konnten auch allein ans Ufer schwimmen.

Unter dem Vorwand meinen neuen Angelplatz zu zeigen, bat ich meine Eltern an einem späteren Sonntag mit mir an den Kanal zu kommen. Am Brückenstrand angekommen, ich hatte mir die Badehose daheim bereits angezogen, zog ich mich rasch aus, nahm Anlauf über die Betonplatte und sprang kopfüber in den Kanal. Meiner Mutter dürfte kurzfristig das Herz stehen geblieben sein. Mein Vater musste sie festhalten, aber als beide sahen, dass ich wieder auftauchte und munter ans Ufer schwamm, konnten sie trotz ihres Schreckens nur noch lachen.

Volker Juli 1950 auf Betonvorsprung am Teltowkanal.
Zerstörte Fritz-Schweitzer-Brücke auf *Dalben* und Holzgerüst,
mit „Tauchzeck" spielenden Kindern. *Foto: Hertbert Dietrich*

Obstklau mit Brückenspringen

Baden und Angeln im Teltowkanal gehörten zu meinen Lieblings-beschäftigungen während der Sommermonate 1950 und 1951, zumal wir auf unseren ersten Fahrrädern in wenigen Minuten den Kanal vom Laehr'schen Jagdweg aus erreichten. Verglichen mit der Krummen Lanke und dem Schlachtensee im Grunewald war der Teltowkanal wie auch der südliche Laehrpark und das Goerzbahn-Areal unser *Revier*, das wir seit Jahren in- und auswendig kannten.

Fritz-Schweitzer-Brücke von der Zehlendorfer Ufer aus
mit zerbombten Treidelgleisen. Bild ca. 1948. *Quelle: Glatzel (2015)*

Seitdem wir schwimmen konnten, hatten unsere Eltern auch keine Angst mehr, dass wir am Kanal ertrinken könnten, was mich vor weiteren Strafen wie Hausarrest und Wohnungputzen bewahrte. Die älteren Jungen, die uns das Schwimmen beigebracht hatten, akzeptierten nun auch unsere Anwesenheit auf dem gehobenen Brückenteil der Fritz-Schweitzer-Brücke und ließen uns bei den Zeckspielen auf dem Holzgerüst und *Dalben* teilnehmen.

So turnten wir stundenlang wie Affen auf den Gerüsten herum, sprangen ins Wasser und tauchten in dieser eher dunklen trüben Brühe, also als ein Versteckspiel besonderer Art. Im August gesellte sich zu diesem Spiel eine Variante, die zwar Mut und Verwegenheit bedurfte, aber auch von einem Teil Dummheit begleitet war.

Unweit der Fritz-Schweitzer-Brücke reiften auf den Teltower Feldern entlang des Kanals Äpfel, Birnen und Pflaumen. Von der Brücke aus konnten wir diese Felder gut überblicken und rasch feststellen, wenn Wächter mit ihren Schäferhunden auftauchten. Dies geschah in unregelmäßigen Abständen während des Tages. Meist kamen die Wächter von Teltow her, so dass wir sie frühzeitig erkennen konnten. Kaum hatten sie ihre Patrouille entlang des Treidelweges beendet und waren in der Ferne verschwunden, brachen wir auf, barfuß, nur in der Badehose und rannten zu den Obstbäumen. Die älteren Jungen hatten sogar kleine Jutesäcke dabei. Die reifen Früchte schmeckten unbeschreiblich gut. Nachdem wir genug Obst verschmaust hatten, liefen wir wieder zur Brücke zurück und verzehrten auf den Holzgerüsten den Rest der gestohlenen Früchte.

An nachfolgenden schönen Augusttagen wiederholte sich das ganze Schauspiel. Als die Wächter verschwunden waren, ging es stracks zu den Obstbäumen. Da tauchten plötzlich wie aus dem Nichts, hinter den nördlichen Büschen die Wächter mit ihren Hunden unerwartet auf. Die Entfernung zwischen ihnen und uns war noch groß genug, um entkommen zu können. Aber sie hatten die Hunde losgelassen. Wir rannten so schnell wir konnten auf die obere Brücke bis zum abgesprengten Ende. Zum Hinunterklettern war die Zeit zu kurz. Die älteren Jungen riefen uns zu, einfach hinunterzuspringen. Tief unter uns glitzerte das dunkle Kanalwasser in der Sonne. Mir blieb das Herz stehen. Da schüttelte mich der größere Junge.

„Ick springe zuerst und warte im Wasser uff dir, du musst keene Angst haben. Dann musste aber ooch springen." Er sprang ohne Kopfsprung und ich sah ihn im Wasser wiederauftauchen. Ein kleiner Anlauf, dann flog auch ich kerzengerade mit den Beinen voran durch die Luft und klatschte ins dunkle Nass. Als ich an die Oberfläche kam, klopfte mir der ältere Junge auf die Schulter. „Na Kleener, det haste würklich jut jemacht. Ick denke, det könn wa wiederholen."

Die Wächter mit den Hunden blieben bellend, schimpfend und mit den Händen fuchtelnd auf der Brücke hoch über unseren Köpfen zurück.

Niemand, der heute am noch verbliebenen Rest des Brückenpfeilers der ehemaligen Fritz-Schweitzer-Brücke am Teltowkanal vorbeispaziert, würde diese Geschichte glauben, es sei denn, einige Fotos aus dieser Zeit bezeugten die Wahrheit.

Schrottsammeln in Ruinen

Die ersten drei Nachkriegsjahre waren in Berlin nicht nur von Hunger und Mangel an allen lebensnotwendigen Dingen wie sauberen Wasser, Medikamenten und Heizmaterialien, sondern auch vom Fehlen männlicher Arbeitskräfte geprägt, um das Schuttchaos in der Stadt zu beseitigen, Wege, Straßen und erste Transportverbindungen wieder herzustellen. Die überwiegende Mehrheit aller Frauen musste diese schweren Aufgaben übernehmen. Die Betreuung und Erziehung der Kinder vom Säuglingsalter an oblag der noch verbliebenen älteren Generation, soweit sie den Krieg überlebt hatten.

Alle Schulkinder mussten die ersten beiden Nachkriegsjahre in überfüllten Klassen in den wenigen, unzerstörten Schulen verbringen und meist auch noch am täglichen Leben mithelfen. Warmes Essen kochten wir im Wohnzimmer und in der Küche unserer kleinen Wohnung. auf zwei Kanonenöfen, die mit jeglicher Art von Kohlen- und Holzresten gefeuert wurden.

So wurde ich schon frühzeitig mit dem Leiterwagen in den angrenzenden Laehrpark geschickt, um Kleinholz zum Anfeuern zu holen, welches meist zuerst auf dem Balkon aufgeschichtet wurde, um zu trocknen. Der kleine Keller diente der Lagerung der rationierten kleinen Mengen an Eierkohlen und Briketts. Zu den ersten Hungerwintern 1945/46 bis 1947/48 kam der Winter der russischen Blockade, in dem die drei alliierten westlichen Sektoren Berlins vollkommen von der Zufuhr aller Lebensmittel und Kohlen abgeschnitten wurden. Ziel war es, die westlichen Sektoren Berlins auszuhungern und sie der Sowjetischen Zone der späteren kommunistischen *Deutschen Demokratischen Republik* (DDR) unter stalinistischer Herrschaft auszuliefern.

Diese unmenschliche Erpressung wurde dank der amerikanischen und englischen Luftwaffe vereitelt, welche Flugzeuge im Fünfminutentakt mit Lebensmitteln, Medikamenten und Kohle nach Berlin schickten. Stalin musste sich der militärischen Überlegenheit der westlichen Mächte beugen, um nicht seine neu gegründete Sowjetunion (UDSSR) in einem dritten möglichen Weltkrieg zu verlieren. Der Frühsommer 1949 brachte uns die Erlösung von der sowjetischen Umklammerung und der Blockade.

Auf meiner Leiterwagen-Suche im Laehrpark während des eiskalten Winters 47/48 hatte ich zwar meistens trockenes Holz, aber auch verwendbaren Metallschrott gesucht. In unserer Umgebung hatten sich verschiedene Schrotthändler niedergelassen, von denen man für wiederverwendbare Metalle aus Ruinen und sonstigen Abfallgruben einige Pfennige, Groschen und die neue deutsche *Westmark* bekommen konnte, welche kurz vor der Blockade im Juni 1948 in Westdeutschland und West-Berlin gegen den Willen der Sowjets eingeführt worden war.

Das neue Wundergeldmittel hieß *D-Mark* und der Ansporn dieses Zahlungsmittel als Kaufkraft zu verdienen und zu sparen, übertrug sich von den Erwachsenen im Nu auf uns Kinder.

Schrott zu sammeln und zum Schrotthändler zu bringen wurde wichtiger, als die Zeit nur mit Spielen zu vertreiben. Dabei leisteten mir der immer noch stabile Leiterwagen und die Ortskenntnisse vom ehemaligen Waffen- und Holzsammeln große Dienste. Die Kilopreise der verschiedenen Metalle beim Schrotthändler zeigten uns deren Bedeutung und vermittelten uns eine Werteeinschätzung. Dadurch erhielten wir früh Metallkenntnisse und lernten ihr Gewicht, physikalisches Verhalten und Verwendungszweck kennen.

Kinder sammeln Schrott mit dem Leiterwagen um 1950.
Quelle: Bundesarchiv Bild_183-S95276, Foto Klein

An oberster Stelle der verschiedenen farbigen Buntmetalle stand das Kupfer, ein rötliches Metall, dass meist als sehr biegsame Drähte in vielen Stärken verwendet worden war. Auch Kupferbleche fanden sich unter dem Schrott. In älteren zerbombten Ruinen fanden wir Dachrinnen, Abflussrohre und Abdeckungen aus vergrünten Kupferblechen, die uns einige Mark einbrachten.

Kupferdrähte allein traten nicht als freie Drähte auf, sondern waren meist in verschiedenen Stärken mit öligem bis teerartiges Papier oder Stoffen umwickelt, und von einem grauen und biegsamen Bleimetall ummantelt. Meist fanden wir die Kupferkabel unter abgeplatztem Putz im zerbrochenen Backsteinmauerwerk und konnten sie relativ einfach herausziehen. Anschließend machten wir uns an die mühevolle Arbeit den Bleimantel zu entfernen. Dies gelang jedoch nur den älteren Jungen mit einem spitzen Messer. Schließlich wurden die ummantelten Kupferdrähte locker aufgerollt und in ein Feuer gelegt, um die Papier- und Stoffumwicklung abzubrennen. Wir Kleine konnten diese Prozedur nicht machen und brachten die ummantelten Kupferdrähte zum Schrotthändler, allerdings zu einem geringeren Ankaufspreis.

Soweit ich mich erinnere, war Blei das zweit-wertvollste Schrottmetall und fand sich in zerbombten Ruinen neuerer Wohnhäuser meist als Rohre unterhalb vom Waschbecken und Badewannen. Im besten Fall hingen noch ganz Rohrleitungen aus Wänden heraus, was natürliche glückliche Funde waren, da man schnell viele Kilogramm mit geringem Volumen beisammen hatte.

In der Ankaufswerteskala folgten auf das Blei die goldgelblichen bis bräunlichen Messing- und Bronzemetallwaren. Aus Messing waren Baubeschläge an Türen und Fenstern, Beschläge in Badezimmern sowie Treppengeländer, während sich die bräunlichen Bronzegegenstände eher auf Lampenständer und Leuchter beschränkten. Nun wurden auch kiloweise alle Messing-Patronenhülsen verkauft, die wir in unseren Verstecken gehortet hatten. Vom Schrotthändler lernten wir, dass Messing und Bronze geschmolzene Mischungen aus Kupfer, Zinn, Zink und Blei waren.

Das graue Metall Zinn kannten wir nur als Name von alten bunten Spielzeug-Zinnsoldaten. Es fand sich auch nicht auf der Liste des Schrotthändlers.

Auf die Buntmetallmischungen folgte mit geringerem Ankaufspreis das graue eisenartige aber nicht rostende spröde Metall Zink, aus dem bei älteren zerstörten Ruinen viele Dachrinnen, Abflussrohre, Fensterbänke und Dachbleche bestanden. In zerstörten Ruinen modernerer Wohnblocks fanden wir nur verzinkte Eisenbleche, die der Schrotthändler sofort erkannte, sobald sein Magnet daran haften blieb.

Alle Eisen- und Stahlprodukte waren mehr oder weniger magnetisch, Zink aber nicht. So bekamen wir für verzinkte Metallwaren und Bleche nur wenige Pfennige bis Groschen.

Aluminium fanden wir bei all unseren Suchaktionen kaum oder nur als minderwertiges Geschirr auf Müllhalden.

Sperriges Eisen, eiserne Zäune, Tore, Geländer, Bleche und Rohre sammelten wir normalerweise nicht, da wir sie nicht mit dem Leiterwagen transportieren konnten. Noch dazu zahlte der Schrotthändler nur wenige Pfennige für das Kilo.

Einzig Gusseisenteile und zerbrochene Kanonenöfen wurden gesammelt und mitgenommen, sofern sie auf den Leiterwagen passten.

Bald waren die zerbombten Ruinen und Schutthaufen abgesucht und für uns Kinder nicht mehr interessant. In der südlichen Fortsetzung des Laehr'schen Jagdwegs lag der nicht zerstörte Teil einer Rohbausiedlung mit mehrstöckigen Gebäuden, die während des Krieges nicht mehr fertiggestellt worden waren.

Die oberen Stockwerke konnten wir nicht untersuchen, da die Treppen fehlten. In der Treppenhauswand war das Backsteinmauerwerk stufenweise versetzt, so dass es wie eine senkrechte Backsteinleiter aussah. Zwei meiner Freunde versuchten daran bis an den offenen Zugang des ersten Stockwerks hinaufzuklettern. Aber sie hatten nicht genug Kraft in den Armen und mussten es aufgeben. Dann kam ich an die Reihe. Der erste Meter war geschafft, der zweite auch. Kurz vor dem Stockwerkboden löste sich ein Backstein, den ich ergriffen hatte, aus der Mauer. Ich rutschte ab, verlor den Halt und fiel rücklings hinunter.

Zum Glück landete ich auf meinen Allerwertesten mit der dicken Lederhose. Aber vor Schmerz sah ich Sterne und konnte nicht mehr atmen. Auch Aufstehen gelang nicht mehr, mein Steißbein schmerzte zu sehr, sobald ich mich bewegte. Einer meiner Freunde holte meine Mutter. Da unser Leiterwagen noch auf der Straße stand, diente er sofort als Transportmittel nach Hause. Glücklicherweise stellte der Doktor keinen Bruch fest, sondern nur eine starke Prellung mit einem riesigen Bluterguss. Tagelang musste ich das Bett hüten, bekam Schmerzmittel und schriftliche Strafaufgaben zu den normalen Hausaufgaben, da ich ja nicht zur Schule gehen konnte.

Diese Episode beendete alles weitere Schrottsammeln. Mit dem Verkauf der Altmetalle hatte mein Guthaben auf dem Postsparbuch fast hundert D-Mark erreicht, worauf ich natürlich mächtig stolz war. Einen Teil des ersparten Geldes verwendete ich für meine Bastelleidenschaft, um eine Eisenbahnanlage auf einem Brett mit Bahnhof und Häusern aufzubauen.

Märklin-HO-Anlage mit TM 800 Tenderlokomotive. *Foto V. Dietrich*

Natürlich waren mir alle Erlebnisse vergangener Jahre mit der Goerzbahn bewusst. Ich kannte alle Lokomotiven und Waggons, die dort verkehrten, auch die alten Loks im Lokschuppen, die Funktionsweise der Weichen und Signale.

An Weihnachten zuvor hatte ich von meinen Eltern eine Vorkriegs-Spielzeugeisenbahn geschenkt bekommen, die mein Vater von einem Trödler in der Stadt erstanden hatte. Diese Märklin-Eisenbahn der Spur H-Null bestand aus einer Stromlinien-Dampflokomotive mit Personenwagen, einem Schienenoval mit einer Kreuzung und zwei Handweichen. Leider war die Stromlinienlok beim Spielen vom Tisch gefallen, in einzelne Teile zerbrochen und konnte nicht mehr repariert werden.

Mit meinem ersten erarbeitetem und gesparten Geld aus dem Schrotthandel kaufte ich mir als Ersatz eine der ersten Märklin Nachkriegslokomotiven, die Tenderlokomotive TM 800 für 27.50 DM, die etwa jener Rangierlokomotive der Goerzbahn entsprach, auf der ich einmal im Führerstand mitfahren durfte.

Dem Eistod entronnen

Zu Weihnachten lagen Schlittschuhe unter dem Weihnachtsbaum, solche, die man mit einem Schlüssel an die Ledersohle der Winterschuhe anschrauben konnte. Mein Wunsch war in Erfüllung gegangen. Einige Jungen besaßen bereits Schlittschuhe und prahlten in der Schule mit ihrem Können. Natürlich hatten wir auch schon von Eishockey gehört und wollten eine eigene Klassenmannschaft zusammenstellen und gegen die *Großen* spielen. Mit zehn Jahren waren wir ja schon starke Jungen und keine Kinder mehr. Jetzt brauchten wir nur noch Eis zum Schlittschuhlaufen. Gefrorene Seen, wie den Schlachtensee, die Krumme Lanke und den Grunewaldsee gab es im Grunewald genug; aber dorthin kam man nur mit Bus und U-Bahn. Mit dem Fahrrad auf den eisigen und schneebedeckten Straßen war es zu gefährlich. In unserer Nachbarschaft lagen wohl der zerstörte Feuerlöschteich bei der „Spinne" und der Teltowkanal. Aber gerade deswegen mussten wir unseren Eltern versprechen, mit den Schlittschuhen weder das Eis des Löschteichs noch des Kanals zu betreten. An unseren freien Nachmittagen sollten wir zu Tennisplätzen fahren, die in Eisbahnen umgewandelt worden waren. Fahrgeld und Eintritt würden wir dafür bekommen.

Da es leider in Zehlendorf keine Eisplätze gab, fuhren wir mit Bus und U-Bahn zu den Dahlemer Tennisplätzen. Allerdings wurden unsere selbst gebastelten Eishockeystöcke, Haselnussruten mit gebogenen Enden, dort sehr rasch vom Aufsichtspersonal beschlagnahmt. Die Freude am Eishockey war damit rasch zu Ende, und so übten wir Figuren und spielten Zeck. Klar, dass jeder von uns der Beste sein wollte.

Nach einigen kalten Winterwochen stellte sich unerwartet eine Wärmeperiode ein, und es war nicht sicher, ob die Tennisplätze noch geöffnet waren. Trotzdem probierten wir es am freien Mittwochnachmittag und fuhren wieder nach Dahlem. Aber schon vom Ausgang der U-Bahn sahen wir nur noch eine leere Eisfläche, der Platz war geschlossen. Meine Freunde waren sauer und wollten wenigstens noch zum Bahnhof Zoo fahren, um noch einige Groschenhefte zu kaufen.

Da es sehr sonniges Wetter war, wollte ich lieber den noch freien Nachmittag mit Schlittschuhlaufen verbringen, aber wo? Sicher war das Eis auf den Seen noch dick genug, falls Leute darauf wären. Dann könnte ich doch noch schlittschuhlaufen, da ich es ja schon fast perfekt beherrschte. Die Versuchung war zu groß und der Weg zum nächsten See, die Krummen Lanke sehr kurz. Den See kannte ich gut vom Baden im Sommer. Also zurück in die U-Bahn und in zehn Minuten bis zur Endstation, dann in einer Viertelstunde zu Fuß zum See.

Die „Krumme Lanke" im Grunewald. *Quelle: Foto: Lukas Bischofberger / blogonade.de*

Trotz der Wärme lag überall noch Schnee auf dem Eis. Auf einigen gefegten Flächen tummelten sich Kinder und einige Erwachsene auf ihren Schlittschuhen. Also kein Problem. Rasch schraubte ich die Schlittschuhe an und begab mich aufs Eis. Super. Hin und wieder hörte man zwar den hellen scharfen Knacks im Eis. Das gab es ja auch im kalten Winter.

Ganz normal, dass das Eis knackte. Die Zeit verging viel zu schnell und langsam setzte die Dämmerung ein. Mit mir waren nur noch einige Kinder da. Also bloß schnell nach Hause, bevor es dunkel wird. Um Zeit zu sparen, war es besser mit den Schlittschuhen quer über den See und ans andere Ufer zu fahren. Von dort war es bis zur Bushaltestelle viel kürzer. Trotz kräftigen Anlaufs ging es eher langsam durch den harten Schnee auf der Eisfläche. Das Schilf des Ufers kam immer näher.

Krach - Klatsch! Das Eis unter mir zerbrach. Ich warf mich nach vorn dem nahen Schilf entgegen und spürte, wie mir das eiskalte Wasser in den Nacken lief. Ich suchte einen Halt, aber das Eis brach weiter weg. Ich schlug um mich und schrie „Hilfe-Hilfe-Hilfe." Die Kinder in der Ferne reagierten nicht. Ich sah sie am Ufer nur noch davonrennen. Ich musste etwas machen, noch lebte ich. Schreien nützte nichts und ließ meine Arme auf dem festen Eisrand liegen. Bloß nicht abrutschen - ging mir durch den Kopf, da ich keinen Grund unter den Füßen spürte. Ich probierte mich seitwärts selbst herauszuziehen; aber wieder und wieder brachen Eisschollen ab. Langsam, Stück für Stück kam ich vorwärts und konnte mich, mit einem Arm auf kleinen Eisschollen abstützend, gerade noch über Wasser halten. Das Schilf war nur ein paar Armlängen entfernt.

Der Eispeter.
Wilhelm Busch 1864

Dann auf einmal fühlte ich, wie die die Schuhe stecken blieben. Ich konnte sie kaum herausziehen; es war Schlamm. Nur noch weiter vorwärts, redete ich mir ein. So schob ich mich zwischen den zerbrochenen Eisstücken hindurch. Endlich stießen die Schlittschuhe auf etwas Hartes und rutschten ab. Das müssten Steine am Grund sein. So schleppte ich mich mit all den schweren nassen Sachen, Jacke, Pullover und Hose durch das Schilf.

Erst jetzt merkte ich es wirklich, ich war gerettet. Was nun? Niemand stand am Ufer. Was sollte ich bloß machen? Mein Versprechen fiel mir ein, nicht allein auf einen gefrorenen See zu gehen. Vielleicht sollte ich besser die Kleider trocknen, damit es Mutter nicht merkte. Also alles ausziehen; es sah ja keiner, weil es schon dunkel war.

Zuerst die Schlittschuhe, dann Schuhe, Jacke, Pullover, Hose und zuletzt den Rest. Dann alles auswringen und über die blätterlosen Sträucher am Ufer hängen. Aber es ging nicht lang und mir klapperten die Zähne. Also alles wieder anziehen und so rasch wie möglich nach Hause. Der schnellste Weg war wohl der 11er-Bus bis zum Bahnhof Zehlendorf, dann umsteigen in den 11er-Bus bis zum Birkenknick, Richtung Schönow. So rannte ich durch den dunklen Wald zur Bushaltestelle und wartete. Die Minuten, bis endlich der Bus kam, vergingen wie Stunden. Besser stehen als sitzen mit all den nassen Sachen, dachte ich. Das ständige Zittern und Zähneklappern wärmten nicht gerade, dazu noch das Schuldgefühl und die Angst, was zu Hause passieren würde, da es auch schon lange viel zu spät war.

Im Bus versteckte ich mich hinter der Treppe des Doppelstöckers, um nicht aufzufallen. Halt am Birkenknick und endlich aussteigen. Rennen konnte ich nicht mehr, mich nur noch schleppen. Die Haustür war offen, noch ein paar Stufen und die Klingel drücken. Meine Mutter öffnete und stieß einen Schrei aus. Ich musste wohl wie ein Geist ausgesehen haben. Sie packte mich und stellte mich auf den Flur. „Wo warst du nur?", brachte sie unter Tränen hervor. „An der Krummen Lanke und bin ins Eis eingebrochen," konnte ich mit Zähneklappern hervorbringen und dachte, dass jetzt der bekannte Teppichklopfer und Schelte kommen würde.
Aber nein! „Bleib so, wie du stehst, wenn es geht."

Dann holte sie eine Schere und schnitt die Schnürsenkel auf, da die Schuhe ganz aufgequollen waren. Dann zog sie mir alle klebrigen nassen Kleider vom Körper, wickelte mich in eine Wolldecke und steckte mich ins Bett. Warmes Wasser gab es leider nicht genug. Mutter stellte alle großen Töpfe auf dem Herd und schüttete danach heißes Wasser in einem großen Waschkübel, in den ich mich hineinsetzen musste. Dazu gab es Tee, eine heiße Suppe, eine Aspirin-Tablette und einen Esslöffel mit Zucker und Baldrian. Dann ging es wieder in Decken eingehüllt ins Bett. Am nächsten Morgen kam der Doktor und untersuchte mich. Zum Glück fand er keine Anzeichen einer Lungenentzündung. Diesmal folgten keine Bestrafung und Hausarrest, im Gegenteil, ich durfte drei Tage lang nicht in die Schule, musste dafür aber das Bett hüten.

Die Geschwister Goerzbahn und Teltowkanal

Die Goerzbahn und der Teltowkanal können als Geschwister angesehen werden, da sie in ihrer Bedeutung und ihrem Verwendungszweck nach miteinander verwandt sind. Beide entstanden zu Beginn des 20. Jahrhunderts, in einem Zeitraum explosiver wissenschaftlicher und industrieller Entwicklungen in Deutschland, dem Transportwesen an der Spitze, gefolgt von der Elektrizität und der Telekommunikation.

Trotz der Reichsgründung 1871 nach dem Deutsch-Französischen Krieg war Deutschland in die Königreiche Preußen, Bayern und weitere Kleinstaaten ohne einheitliche Gesetzgebung aufgeteilt. Noch waren keine Standards bekannt. Dennoch wurden innerhalb der folgenden Jahrzehnte alle deutschen Länder mit einem Eisenbahnnetz verbunden, das sich in Staatsbahnen mit Normalspur sowie in Kleinbahnen und Privatbahnen mit Normal- und Schmalspur gliederte.

Durch die Erfindung der Dampfmaschine konnten Steinkohlen- und Erzvorkommen aus Gebirgen und größeren Erdtiefen in mechanisierten Bergwerken wirtschaftlich gefördert werden, was zu großen Stahl- und Hüttenindustrien im Ruhrgebiet zwischen Dortmund und Düsseldorf und in Sachsen zwischen Freiberg und Zwickau führte. Das rasche Wirtschaftswachstum erforderte ständig zunehmenden Massengütertransport, der nicht allein durch die Eisenbahnen kompensiert werden konnte. Als Konsequenz mussten die meist Nord-Süd-Richtung verlaufenden großen Schifffahrtsstraßen wie Rhein, Weser, Elbe und Oder aber auch Main, Mosel und Donau durch schiffbare Kanäle verbunden werden, welche dem Massengütertransport in Ost-West-Richtung gerecht wurden. Innerhalb eines Jahrzehnts mussten Verbindungskanäle mit Schleusen- und Schiffshebewerken gebaut werden.

Dazu zählte auch der Teltowkanal im Süden Berlins, der sowohl die Havel und die Spree durch Berlin entlasten, als auch eine direkte Verbindung zwischen Havel und Oder ermöglichen sollte.

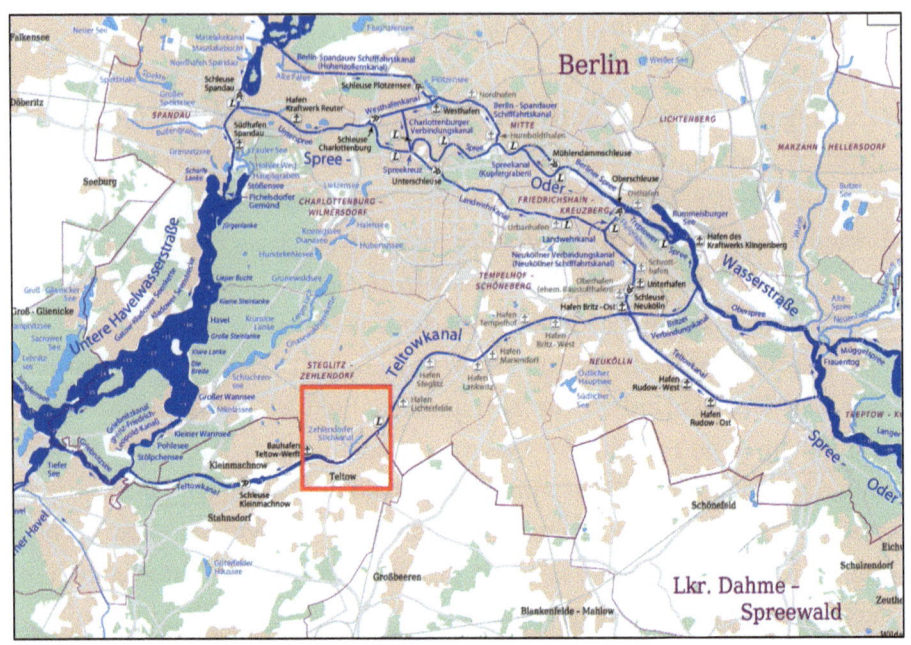

Verlauf des Teltowkanals entlang der ehemaligen Bäke zwischen Griebnitzsee und Spree-
Oder südlich des Müggelsee. Roter Kasten: Industriegebiet Lichterfelde/Schönow und
Umgebung mit Stichkanal. *Quelle: Ausschnitt aus 'Wasserstraßen in der Region Berlin',
von Maximilian Dörrbecker, Wikimedia commons*

Auf Veranlassung von Ernst von Stubenrauch, Landrat von Teltow,
einem Juristen und Planer mit starkem Durchsetzungsvermögen für
preußisches Recht und Ordnung, wurde der 38 km lange und 37 bis 42 m
breite und etwa 2,6 m tiefe Kanal von der Potsdamer Havel bis zur Spree-
Oder Verbindung durch die südlichen Bezirke Berlins, Kleinmachnow,
Zehlendorf, Schönow, Lichterfelde, Steglitz und Neukölln in
fünfeinhalbjähriger Tätigkeit vom 22. Dezember 1900 bis zum 2. Juni 1906
gebaut, eine geniale Meisterleistung in kürzester Zeit. Teilweise folgte der
Kanal dem Verlauf der Bäke, wodurch die kleinen Seen bei Schönow und
Teltow trockengelegt wurden, da der Bäkegrund tiefer lag als der geplante
Kanal. Die unterschiedliche Wasserspiegelhöhe von drei Metern zwischen
der Potsdamer Havel und der Spree bei Köpenick wurde durch die
Kleinmachnower Schleuse ausgeglichen.

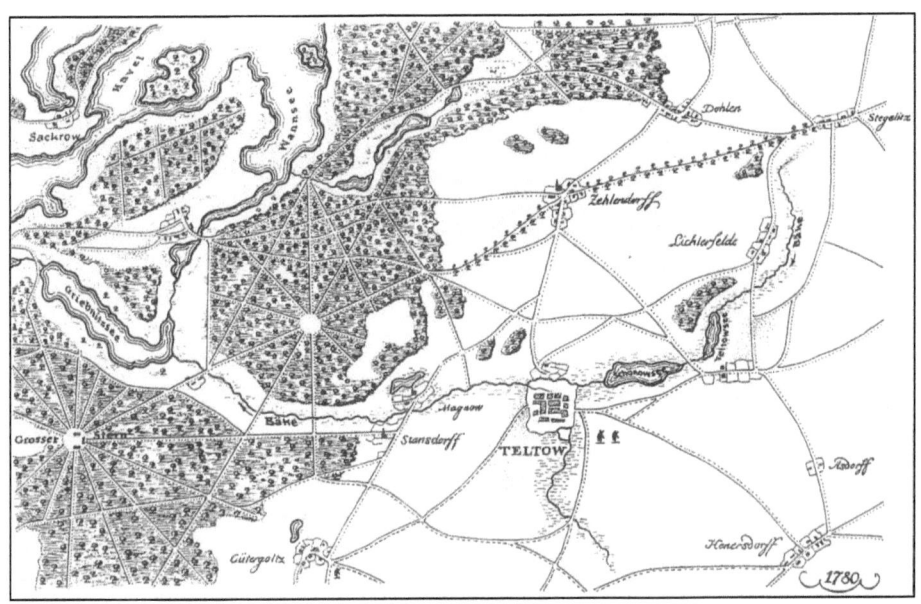

Verlauf der Bäke von Steglitz bis zum Griebnitzsee; mit Ortschaften Teltow, Zehlendorf,
Lichterfelde und Steglitz um 1780. *Kupferstich Klockhoff Amsterdam*

Bereits vor der endgültigen Fertigstellung des Kanals errichtete die
Elberfelder Papierfabrik 1904 nahe dem Eingang des Stichkanals in Süd-
Zehlendorf eine Niederlassung, welche auf kontinuierliche Holzlieferungen
auf dem Wasserweg angewiesen war. Gleichzeitig meldete am 2. August 1904
der Bankier Carl Neuburger die *Zehlendorfer Eisenbahn und Hafen AG* in das
Handelsregister Zehlendorf an, deren Gleisanlagen vom Bahnhof
Lichterfelde West über den Kreisel zwischen der Lichterfelder- und
Zehlendorfer Straße, entlang des Dahlemer Wegs über freie Felder bis zum
Stichkanal führen sollten.

Bereits wurde am 7. Juni 1905 die betriebliche Genehmigung erteilt
und nach einer weiteren dreieinhalbmonatigen Bauphase am 19. September
1905 abgenommen, allerdings unter dem Titel einer *Anschlussbahn als Zubehör
zu einem Gewerbebetrieb.*

63

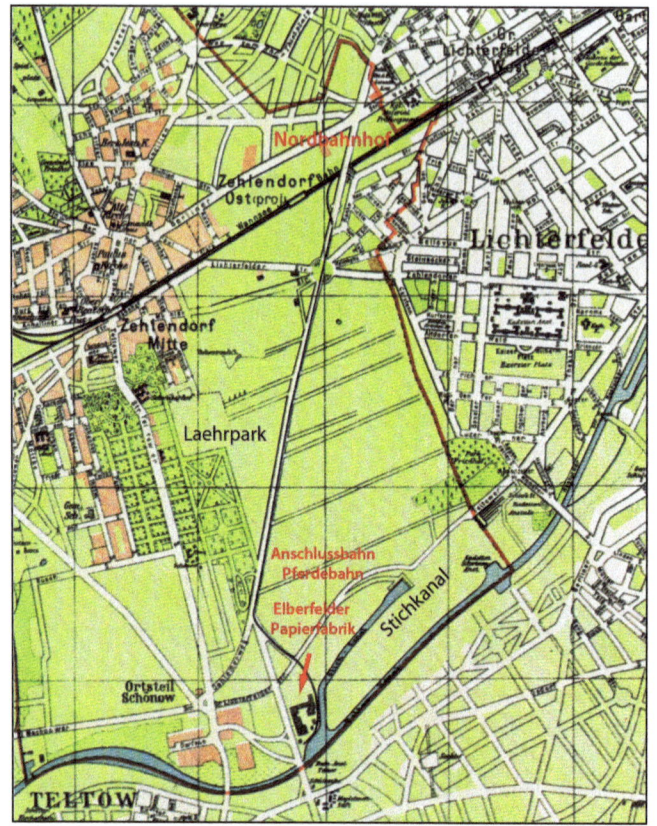

Gleise der Anschlussbahn der *Zehlendorfer Eisenbahn und Hafen A.G.* zwischen Lichterfelde West und *Elberfelder Papierfabrik* am Teltowkanal. *Quelle: Ausschnitt 'Plan Zehlendorf 1:20 000, (1914)'*

Alle Güterwagons der Anschlussbahn wurden kurioserweise von Beginn an bis 1916 von Pferden gezogen, dies von einer Wagenübergabestelle zwischen den Ferngleisen der *Berlin-Potsdamer Stammbahn* (ab 1920 *Deutsche Reichsbahn* bis 31. Dezember 1993) und den neu erstellten „Nordbahnhof" in Lichterfelde West bis zum neuen *Südbahnhof* an der Lichterfelder Straße (spätere Goerzallee). Die Pferde wurden vom Gut Schönow und der Elberfelder Papierfabrik gestellt.

Mit der Umstellung vom Pferdebahnbetrieb zur ersten Motorlokomotive und den ersten Dampflokomotiven zwischen 1916 und 1917 mussten die Gleise entsprechend angepasst werden, so dass die ersten 3-achsigen Tender-Dampflokomotiven vom Typ T3 und T4 verkehren konnten.

T3 Tenderlokomotive
der Deutschen
Technikmuseums vor dem
Lokschuppen
im Südbahnhofareal 1983.
*Quelle: 'Die Goerzbahn' (van
der Veer & Hellwig 2005)*

Während dieser Periode entstand auch die Zehlendorfer Niederlassung der *Optischen Anstalt C. P. Goerz A.G* (Berlin-Friedenau) am Stichkanal, welche die Betriebserlaubnis zum Gewerbetriebe der Firma Goerz erhielt. 1920 wurde eine gebrauchte T7 Tenderlok angeschafft aber bereits 1927 durch eine dreijährige *HANOMAG* der Hannoverschen Maschinenfabrik ersetzt.

T4 Tenderlokomotive der Goerzbahn mit Gleisanlagen des im Südbahnhof um 1930.
Quelle: 'Die Goerzbahn' (van der Veer & Hellwig 2005)

Beide Loks, die alte T4 und die Hanomag verkehrten im täglichen Einsatz zwischen dem Nordbahnhof in Lichterfelde West und dem Südbahnhof bis 1938; zu Beginn mit einer Fahrzeit von 9 Minuten, später mit 12 Minuten.

Durch den Zusammenschluss der Friedenauer *Optischen Anstalt C. P. Goerz* nach dem 1. Weltkrieg mit der Firma *Zeiss-Ikon*, einer Tochterfirma der *Optischen Werke Carl Zeiss Jena* wurde am Stichkanal ein großes neues Fabrikationszentrum errichtet, in welchem nach der Gründung 1927 der *Zeiss Ikon AG* die Fertigung von Kameras und Kinoprojektoren sowie der neuzeitliche Sicherheitsschlösser mit Profilzylindern und sägezahnartigen *Zeiss-Ikon*-Schlüsseln ablief.

Das Zeiss IKON Goerzwerk nach dem Wiederaufbau ca. 1950 und Wiederaufnahme der Fabrikation der Produktion Sicherheitsschlösser und Schließanlagen. Der Zeiss IKON Schlüssel wird wieder zum Markenzeichen und Synonym für Sicherheit und Qualität.
Quelle: ASSA ABLOY

Die Zehlendorfer Eisenbahn erhielt von nun an den volkstümlichen Namen „Goerzbahn", der auch auf allen Fahrplänen zu finden war. Der Südbahnhof musste um einen 200 m langen Bahnsteig erweitert werden, da die Goerzbahn täglich tausende Arbeiter und Angestellte von Berlin zu den Goerz und Zeiss-Ikon Werken am Teltowkanal beförderte.

Die von 1919 bis zum Kriegsende 1945 verkehrenden Personenzüge der Goerzbahn erreichten die Höchstgeschwindigkeit von 45 Kilometern pro Stunde. Später wurde auf der ganzen Strecke die Höchstgeschwindigkeit von 10 km/h angeordnet

Spinnstofffabrik am Teltowkanal, Aufnahme ca. 1937.
Quelle: Berlin-Brandenburgisches Wirtschaftsarchiv e.V.

Zu Beginn der Dreißigerjahre entstand aus der Elberfelder Papierfabrik die *Spinnstofffabrik Zehlendorf* von der Bevölkerung *Spinne* genannt, welche Zellwolle und Kunstseide produzierte.

Das zunehmende Wachstum des Industriegeländes am Stichkanal, die Zunahme des Personen- des Güterverkehrs erforderte zusätzliche Transportmittel, die erst in der zweiten Hälfte der Dreißigerjahre durch Busse und der Straßenbahn von Lichterfelde bis zum Eingang des Goerz-Areals realisiert wurden.

Obwohl 1938 die moderne 4-achsige Tender-Dampflok, die badische Xb (DR 92 251) die älteren Loks ablöste, verlor die Goerzbahn ständig an Bedeutung. Auch versuchten Anwohner des Dahlemer Wegs die Goerzbahn aufgrund von Behinderung des Verkehrs und Lärmemission ganz von dieser Strecke zu verbannen.

Während des 2. Weltkrieges mussten sich alle Betriebe des Industrieareals an der Rüstungsmaterialbeschaffung beteiligen, wie beispielsweise die Spinnstofffabrik mit Fallschirmen aus Kunstseide.

Die badische Xb Tenderlok der Goerzbahn beim Rangieren am Dahlemer Weg.
Quelle: 'Die Goerzbahn' (van der Veer & Hellwig 2005)

Das Ende des Krieges war im Süden Berlins mit von chaotischen Ereignissen begleitet. Am 24. April 1945 besetzten die Russen das gesamte Industriegelände und Bahnhofsanlagen. Das teilweise zerbombte Goerzwerk und das Spinnstoffareal wurden demontiert, die Tenderlokomotiven und alle Waggons beschlagnahmt. Durch den Einzug der Amerikaner veränderte sich die Situation des gesamten Industrieareals und des Bahngeländes. Im Auftrag der amerikanischen Besatzungsmacht übernahm ab Januar 1946 die noch bestehende *Zehlendorfer Eisenbahn* den Transport von amerikanischen Gütern ins US Army Depot südlich der Goerzallee. Während der Blockade Ende 1948 wurde der Transport weitgehend aufgehoben und die Lokomotiven im Lokschuppen abgestellt.

Die „Deutsche Reichsbahn" übernahm gelegentlich den Transport der durch die Luftbrücke eingeflogenen Güter in die amerikanischen Militärdepots. Ab 1952 kamen Tender- und Schlepptender-Dampflokomotiven der Deutschen Reichsbahn (Baureihe 52, 74 und 93) zum Einsatz und wurden 1965 durch die ersten Dieselloks der Reihe V 60.10 ersetzt.

Dampflok Baureihe 52.80 auf dem Südbahnhofs, heute Bahnhof Schönow.
Quelle: Märkische Kleinbahn e.V. mkb

Das Industrieareal zwischen Teltowkanal, Stichkanal, der Goerzallee und dem Südbahnhof der Goerzbahn erlebte den Wiederaufbau eher langsam. Zahlreiche deutsche und multinationale Firmen wechselten als Besitzer. Der Chemiekonzern Hoechst übernahm die Spinne und verärgerte mit den aus der Produktion von Perlon und Trevira stinkenden Emissionsgasen die Zehlendorfer. In den wiederaufgebauten Gebäuden der Zeiss-Ikon-/Goerz-Werke wollen heute *Start-Up* Unternehmer die Zukunft bahnbrechend umgestalten.

Das verbliebene Relikt der ehemaligen Goerzbahn, der Lokschuppen an der Goerzallee, dient seit 1981 als historisch bedeutsames Exponat und Betriebsmittelpunkt der AG Märkische Kleinbahn e.V.

69

Epilog

Die Visionen von Ernst von Stubenrauch, Paul C. Goerz und Carl Neuburger einer umwälzenden industriellen Entwicklung aufgrund ungeahnter technischer und wissenschaftlicher Erkenntnisse zu Beginn des 20. Jahrhunderts wurden innerhalb weniger Jahrzehnte durch den Imperialismus der monarchistischen Klasse, ihren Drang nach Macht und Reichtum sowie den damit ausgelösten revolutionären Reaktionen der Arbeiterklasse, welche in Diktaturen der Nationalsozialisten und Kommunisten endeten, während zweier Weltkriege total zerstört.

Gerade Berlin erlebte all diese Ereignisse mit dramatischer Brutalität und Ohnmacht. Das Konzept des modernen Transportwesens mit Schifffahrtsstraßen, Kanälen und Schleusen und das Eisenbahnnetz wurde seit den dreißiger Jahren durch die Nationalsozialisten auf die Rüstungsindustrie, ihre kriegerischen Pläne und den Nachschub während des 2. Weltkrieges ausgerichtet. Das Schnellstraßennetz der Autobahnen sowie die genialen Entwicklungen der Luftfahrt und der Seeschifffahrt dienten gleichen Zielen.

Der einzelne Mensch war als Mittel zum Zweck irrationaler Ideen und Fanatismus geworden. Die Nazidiktatur führte zum schrecklichsten Krieg in der Geschichte der Menschheit; für Berlin zur totalen Zerstörung und nachfolgend zu einer Insel im roten Meer sowjetischer Diktatur.

Obwohl Zehlendorf und das zwischen Teltowkanal und der Goerzalle liegende Industriegebiet dem demokratischen Teil Deutschlands und dem von den Alliierten kontrollierten Teil West-Berlin angehörten, erlebten sie wie auch ganz Berlin in fünfundvierzig Jahren totaler Isolation bis 1990 keinen großen wirtschaftlichen Aufschwung.

Die Hoffnungen einer Neuorientierung des Zehlendorfer Industriegebiets liegen auf dem zukünftigen digitalen Zeitalter mit der sich ständig erneuernden industriellen Rationalisierung, Automatisierung, Computerisierung und Roboter-Technologie.

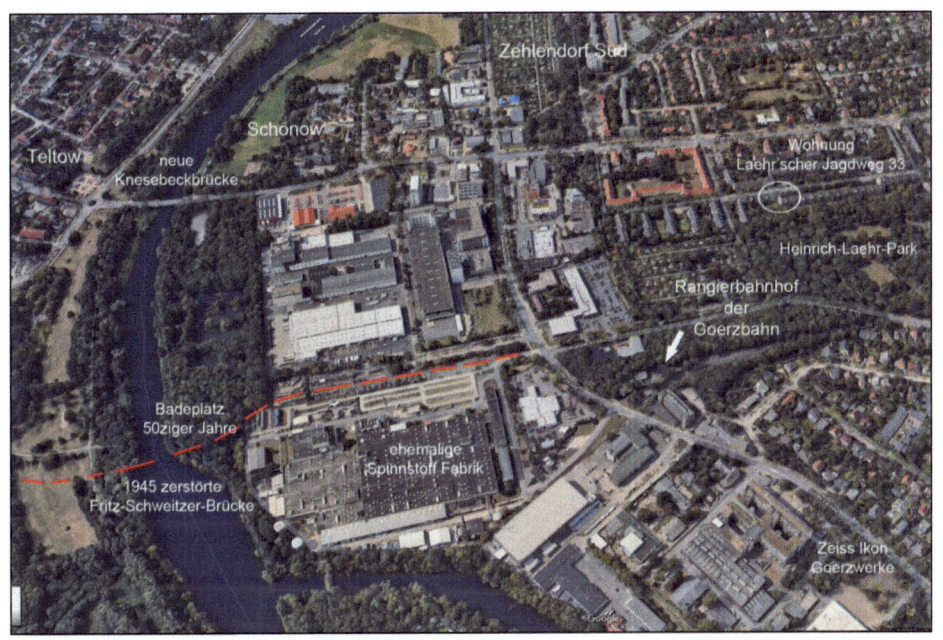

Lageplan des Gebietes in Zehlendorf Süd zwischen Laehrpark und Teltowkanal.
Quelle: Google Earth, Aufnahme 18. März 2018, modifiziert

Dank

Der Funke der Erinnerungen an Kindheitserlebnisse meiner Zehlendorfer Nachkriegsjahre entzündete sich, als ich im Herbst 2018 nach siebzig Jahren im gelben Doppeldeckerbus über die Gleise der Goerzbahn rumpelte. Zwischen herbstlichen Birken gewahrte ich im Gleisareal ein farbiges Doppelsignal, verschiedene Güterwagen und einen mir sehr vertrauten alten Lokomotivschuppen, sowie eine für mich nichtssagende Tafel mit der Aufschrift *RBH Logistics GmbH - Goerzbahn*. In Gedanken tauchte vor meinen Augen eine dampfende schwarze Tenderlok auf, die eine Reihe von Güterwagen langsam ins amerikanische Militärdepot in Richtung Teltowkanal zog ...der tägliche Ablauf seit Juli 1945.

Die Wikipedia Webseite der *RBH*, eines Tochterunternehmens der *Deutschen Bahn AG*, führte mich zur Webseite der *Zehlendorfer Eisenbahn und Hafen AG, kurz ZEUHAG* und ihre Beziehung zum Bahnmuseum der

„AG Märkische Kleinbahn e.V." Mein Dank gilt dem Vorstand dieses Vereins, der in großzügiger Weise das Copyright vieler Abbildungen gewährte.

Erschütternde Berichte und Einblicke in das Geschehen des Zusammenbruchs und der ersten Nachkriegsjahre Zehlendorfs konnte ich dem Werk entnehmen *Krieg ist schrecklich mein Kind! – Zehlendorfer erinnern sich an 1945*. Dem Herausgeber, Herrn Wolf-Dietrich Glatzel, verdanke ich einige Abbildungen sowie wertvolle Anregungen.

Meine lieber Schulkamerad, Herr Eckard Siedke (Zehlendorf), hat großer Geduld das erste Manuskript gelesen und korrigiert. Meiner lieben Dimitra danke ich für ihre stete Teilnahme an der Entstehung dieser Lausbubengeschichten.

Quellennachweis

Kurt Trumpa (1983). *Zehlendorf gestern und heute - ein Ort im Wechsel der Zeiten*. Elwert und Meurer, Berlin 1983.

Kurt Trumpa, Hrsg. (1994)). *Zehlendorfer Chronik - Das Ende des Krieges in Zehlendorf 1945*. Schriftenreihe des Heimatvereins für den Bezirk Zehlendorf e.V., 94, Berlin 1994.

Martin van der Veer und Markus Hellwig (2005). *Die Goerzbahn*. VBN Verlag Berlin, 128 Seiten, ISBN 3-933254-55-8

Christoph Rhein (2013). *Mit 16 Soldat, mit 17 am Maschinengewehr und dann 14 Monate in Kriegsgefangenschaft*. In: Wolf-Dieter Glatzel, Hrsg. (2015). Krieg ist schrecklich mein Kind" (Eigenverlag Zehlendorf) 4. Aufl.

Horst Lüdolph (2013). *Verlaust, verwanzt und überlebt. Als 14-jähriger Hitlerjunge, als 15-jähriger Luftwaffenhelfer, als 16-jähriger Arbeitsmann und Grenadier und als 17-jähriger PoW (Prisoner of War)*. In: Wolf-Dieter Glatzel, Hrsg. (2015). Krieg ist schrecklich mein Kind" (Eigenverlag Zehlendorf) 4. Aufl.

Wolf-Dieter Glatzel, Hrsg. (2015). *Krieg ist schrecklich mein Kind* (Eigenverlag Zehlendorf) 4. Aufl. 317 Seiten.

Sebastian Stahn, ASSA ABLOY Sicherheitstechnik, Hrsg. (2016). *Von Goerz zu IKON. Ein herausragendes Kapitel deutscher Industriegeschichte 1886 - 2016*. ED: Pappe, Eigenverlag, *232 Seiten*, ISBN: 9783000537233